历史丰碑　红色记忆

U0894457

历史丰碑 红色记忆

河北工程大学思政微课堂词文集

董志霄 主编

河北大学出版社·保定

LISHI FENGBEI HONGSE JIYI
HEBEI GONGCHENG DAXUE SIZHENG WEI KETANG CIWEN JI

出 版 人：刘相美
责任编辑：马　敏
装帧设计：杨艳霞
责任校对：苏安邦
责任印制：常　凯

图书在版编目（CIP）数据

历史丰碑　红色记忆　：河北工程大学思政微课堂词文集 / 董志霄主编 . -- 保定　：河北大学出版社，2024. 5. -- ISBN 978-7-5666-2339-3

Ⅰ．G641-53

中国国家版本馆 CIP 数据核字（2024）第 092687 号

出版发行：河北大学出版社
地址：河北省保定市七一东路 2666 号　邮编：071000
电话：0312-5073019　0312-5073029
邮箱：hbdxcbs818@163.com　网址：www.hbdxcbs.com
印　　刷：保定市正大印刷有限公司
幅面尺寸：170 mm × 240 mm
印　　张：7.5
字　　数：83 千字
版　　次：2024 年 5 月第 1 版
印　　次：2024 年 5 月第 1 次印刷
书　　号：ISBN 978-7-5666-2339-3
定　　价：45.00 元

如发现印装质量问题，影响阅读，请与本社联系。
电话：0312-5073023

编 委 会

顾　　问　田麦久　王钰清

　　　　　哈明虎　于树江

主　　编　董志霄

副 主 编　严淑华　侯居荏

　　　　　郭广伟　王首一

诗词作者　（以姓氏笔画为序）

　　　　　王福栋　刘秋彬

　　　　　孙耀庆　李冰燕

　　　　　李春艳　董志霄

作画指导　耿潇潇

文字编辑　郭广伟　王　斌

前言

“天地英雄气，千秋尚凛然。”英雄是一个国家的精神脊梁，是一个民族的精神图腾。一个崇尚英雄的民族才是最有凝聚力、向心力、战斗力的民族。

为引领广大青年学生走进英雄内心深处，解读英雄内涵，感受英雄坚守，营造铭记英雄、崇尚英雄、学习英雄的浓郁氛围，激发家国情怀，捍卫共同的理想信念，河北工程大学积极探索大工程文化引领下革命文化融入思政大课堂育人思路，“因事而化，因时而进，因势而新”，努力构建全方位、多角度、立体式育人格局。自 2019 年始，我校马克思主义学院联合邯郸广播电视台开设“大工程思政微课堂”，遴选具有典型意义的选题，由马克思主义学院教师主讲，以微视频形式分享新思想，传播正能量，实现思政课堂与新媒体的有机结合、思政铸魂与新时代教育的深度融合、课堂教学与革命文化资源的优化整合，增强思政课教学针对性、实效性和吸引力、感染力，让学生们听得懂、看得见、真正入耳入脑入心，让思政课“有意义”更“有意思”。每一期，每一讲，植入思政元素和德育功能，直观生动，影响甚广。中央电视台微视频、学习强国、中国教育新闻网等国家级媒体先后发布、报道。“大工程思政微课堂”成为校园文化的又一名片，传承红色基因的又一平台，思想教育的又一课堂。

在此基础上，师生联袂推出了《历史丰碑　红色记忆——河北工程大学思政微课堂词文集》一书。本书积极探索思想政治教育成果及多元创新红色表达，努力探索形成具有有效性、时效性和实效性的大学生思想政治教育新路径。本书通过故事讲述、格律诗词、人物素描、书法篆刻等学生喜闻乐见、跨越学科的艺术形式，真实记录了18位革命人物和一些历史事件，生动展现了中国共产党人用鲜血践行初心使命、砥砺奋进前行的光辉事迹。从杨开慧、郭隆真到左权、何云……一个个人物如同一座座丰碑，诉说着中国共产党革命道路上的动人故事。一个个故事如同涓涓细流，汇聚了中华民族弥足珍贵的精神财富。通过他们的革命事迹、传奇经历、革命情怀感召人、启迪人，我们努力实现全方位立体化的思想政治教育，增强思想政治教育的时代感和感召力，让思政工作有底气、有特色、有亮点，融入青年学生的精神血脉。让青年学生在潜移默化中学史明理、学史增信、学史崇德、学史力行，在重构红色记忆的道路上，在与英雄先烈的对照、与英雄先锋的对比、与英雄先辈的对话中，激荡和净化心灵，树立起与这个时代主题同心同向的理想信念，汲取坚定信心、保持定力、赓续前行的磅礴力量。

感谢学校团委、文法学院、建筑与艺术学院的大力支持。感谢李春艳、

李树深、罗兰秋、余松波、张克勤创作的诗词、书法、篆刻作品。感谢河北日报报业集团邯郸分社社长赵晓清的大力宣传与推广，特别要感谢中华诗词学会体育诗词委员会主任田麦久、副主任王钰清教授对诗词的多次审阅与悉心指导。

知所来，才能明所往。本书的创作与出版是一次集体的创作、集体的尝试、集体的探索，旨在用“诗家语”来讴歌英雄事迹，弘扬革命精神，传承红色基因，更生动、更直观、更丰富地表现英雄的家国情怀、人性光辉与熠熠风采，为培育社会主义核心价值观、引领青年学生健康成长发挥示范价值和导向功能。

由于时间仓促，水平有限，本书难免存在疏漏和不足之处，敬请广大读者批评指正。

董志霄

目录

鹧鸪天·曾志

李冰燕

烽火连天蔽日光，
巾帼有志挽国殇。
别夫舍子披肝胆，
战北征南意慨慷。

行主义，敢担当。
为民奋斗为民忙。
一生看淡荣和辱，
心底无私气浩扬。

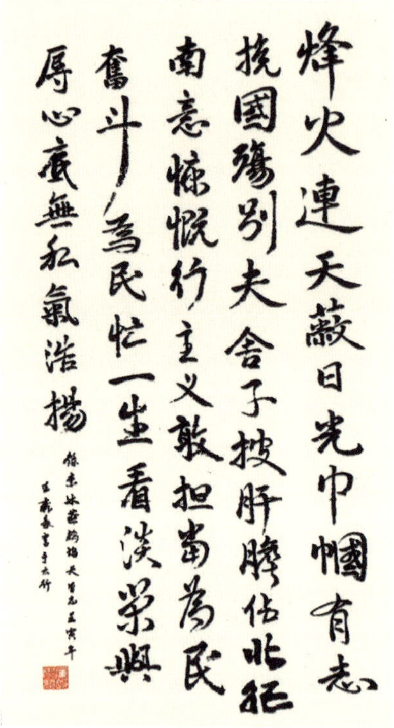

《鹧鸪天·曾志》（书法：王森豪）

《曾志》（绘画：王若男）

《党的女儿》（篆刻：董春波）

英雄事迹

曾志，1911 年出生于湖南省宜章县一个清贫的知识分子家庭。在那个血雨腥风的年代，14 岁，她开始初步接触马克思主义，从此找到了人生信仰；15 岁，她初涉洪流，踏进湖南农民运动讲习所，换上军装，成为讲习所里唯一的女兵；也是在这一年，她面对党旗立下誓言，正式加入了中国共产党，从此决定为共产主义事业奋斗终身。烽火岁月中，曾志的革命足迹几乎踏遍了大半个中国。

曾志一生十分坎坷。革命战争时期，她的 2 位伴侣先后为革命捐躯；为了革命，她的 3 个亲生儿子先后送人抚养；20 世纪 30 年代，她一度与党组织失联，独自历经长达 20 个月漫长的“千里寻党”的艰难历程；由于党内“左”倾路线的迫害，她一生 6 次蒙受委屈，6 次受到严厉的党纪“处分”。“文革”中丈夫陶铸蒙冤被迫害致死、女儿被遣送、自己被揪斗。

然而，面对这一次次常人难以忍受的磨难，她却咬着牙顽强地挺了过来。是什么能够给她如此惊人的力量？那就是她对信仰的坚定和对党的忠诚。她曾经这样说：“为了中国革命的胜利，我舍得一切。”

1998 年，在 87 岁的曾志老人生命中最后的日子里，女儿陶斯亮按照母亲的心愿请来了失散在全国各地的亲人们。面对在战争中失散 23 年后重逢的儿子，一向以铁骨铮铮示人的曾志说出了此生最柔软的话语，她说：“我对不住你们。让你们吃了很多苦……请你们原谅我。”献身革命 70 年，曾志何曾说过这样的话！这个总是用坚忍对待磨难，为了信仰可以置生死于度外的革命者，却在此刻回归为一位最普通的母亲。

1998 年 6 月 21 日，曾志带着内心的安详和对生命的无愧离开了人世。在传奇一生的尽头，老人留下了一纸《生命熄灭的交代》，其中她这样写道："死后不开追悼会，遗体送医院解剖，有用的留下，没用的火化……"按照她的意愿，她的骨灰分 3 个地方埋葬：一部分埋在八宝山，一部分埋在五百里井冈山，最后一部分埋在白云山有手印的那块石头下。

在曾志去世后，对她那些数不胜数的评论中，人们印象最深刻的是曾志的女儿陶斯亮代表所有的子女送给这位母亲的两句话："你所奉献的远远超出一个女人，你所给予的远远超过一个母亲。"

哲学家萨特曾经说过，世界上有两样东西是亘古不变的，一个是高悬在我们头顶上的日月星辰，一个是深藏在每个人心底的高贵信仰。纵观曾志同志的一生，70 多年的革命生涯。她经历了无数的痛苦和磨难，但对共产主义的信念始终如一。正是这种信仰，赋予了她在血雨腥风中奋战的力量；也正是这种信仰，赋予了她高贵的光华和永恒的精神动力，使她在革命人生中创造了种种奇迹。"只要为了党的利益和需要，我可以舍弃一切，包括生命。因为我不仅是一个女人，更是一名战士。"这，就是信仰的力量！

（资料整理：王江然）

思佳客·栗再温

李冰燕

燕赵男儿志士魂，
锤镰旗下付终身。
挥戈抗日战敌后，
创业扶轮治水瘟。

无限意，效黎民。
胸襟坦荡写忠贞。
寒梅宁为抱香死，
耿耿丹心昭后人。

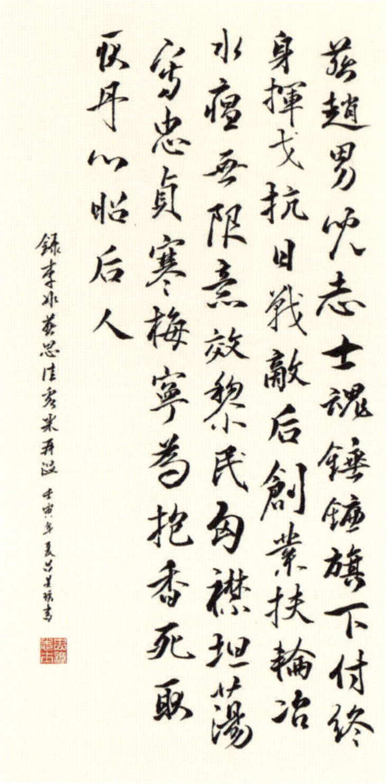

《思佳客·栗再温》（书法：吕昱瑶）

《栗再温》（绘画：殷仁行）

《忠诚志士》（篆刻：董春波）

英雄事迹

栗再温，又名栗志周，1908年出生在河北省平山县南沟村。南沟村四面环山，沟岭纵横，只在溪水长流的沟盆中散布着七八户人家。就是这样一个闭塞的小山村，20世纪三四十年代却曾上演了一幕幕壮丽的革命大戏，栗再温就是这场大戏的主角之一。栗再温自幼勤劳朴实、忠厚善良、宽以待人、好学上进。五卅惨案后，他参加了李大钊领导的3次示威游行，积极地与军警、衙役做斗争。经过这次运动的洗礼，他感受到了中国工人阶级和中国人民的伟大力量，开始心向革命。1927年5月，栗再温加入中国共产党，成为平山县第一名党员。1934年，他积极投入到拓展平山中共党组织活动中。在他的领导下，平山中共党组织发展迅速，凝聚力、战斗力不断增强。1934至1935年短短一年时间，平山全县党支部发展到70多个，党员由350人发展到700多人，有人说这个数字占到了当时河北省全省党员总数的1/5。栗再温也在革命中更加成熟，领导党组织和游击队发动了多次革命行动，其中打击盐霸地主马七子的战斗成为平山抗战史上浓墨重彩的一笔。

在抗战时期，盐是非常珍贵的物资，当时下口镇盐霸地主马七子，却依仗权势和地主武装，欺行霸市，常在食盐中掺水揉沙，坑骗百姓。百姓们敢怒不敢言。时任直中特委的栗再温决定，带领平山县党组织和游击队，发动暴动拔掉这颗“钉子”。1936年1月2日中午时分，伪装买盐的游击队员，进入盐店柜台前，准备与内线接头。但此时盐店掌柜马七子和五福店掌柜尹凤鸣来到柜台。游击队员们一见两个恶霸地主，愤怒至极，在没有和内线接上头的情况下，就把马七子和尹凤鸣当场击毙。枪声一响，集镇上乱作一团。尹凤鸣的儿子和店里的地主武装迅速进行反扑。见此情况，栗再温当即指挥撤退，以避免地主武装打伤百姓。这次斗争，由于内外线接应没有衔接好，加之地主武装势力强大，牺牲了3名游击队员，但是，消灭了反动地主，百姓们欢欣鼓舞。更重要的是，这次暴动轰动了冀晋两省，牵制了阎锡山一个师的兵力，配合了红军东渡的战略行动。

抗日战争全面爆发后，身为冀西特委组织部长的栗再温，直接领导了平山县的抗日救亡运动。1937年秋，王震带领120师359旅战地工作团到平山扩军，栗再温领导冀西特委和平山县委全力以赴，仅用1个多月的时间即动员1700名青壮年参军，组建了著名的“平山团”。在这次扩军中，栗再温的三哥栗建周把自己的药铺卖掉，参加了八路军工作团。栗再温又将2个侄子栗政民、栗政通送去参加了“平山团”。此时，距他另1个侄子、曾任共青团平山县委书记的栗政清在日本的监狱牺牲还不到1年。

栗家是个革命的大家庭，到1949年栗家共有27人参军，15人入党。栗家的家谱上写满了悲壮、牺牲和对党的忠诚，“满门忠烈，举家革命”是这个大家庭永远的光荣和真实的写照。栗再温则是带领这个大家庭加入革命队伍的“带路人”。而今，在栗再温女儿栗政平手里，还保存着父亲曾用过的1只装铅笔的小盒子。“父亲在张家口时用过的1支派克钢笔和1个小木箱，已经捐给西柏坡纪念馆。这个铅笔盒追随父亲时间最长，没舍得捐，一直留到现在。”谈起这只小盒子，栗政平珍惜之情溢于言表。栗政平是栗再温的小女儿，1940年在平山出生时，栗再温已经离开平山，直到1946年，她才第一次见到父亲。

从奠基“抗日模范县”，再到战功赫赫的“平山团”，出身农家的栗再温，用自己的智慧、汗水、热血和生命，实现了一个共产党员的人生理想。他和战友领导冀西人民，逐步把冀西建设成为铜墙铁壁的抗日根据地，为后来解放战争时中共中央移驻西柏坡，奠定了坚实的基础。

栗再温用自己的一生践行着入党誓词。他不屈不挠、勇于牺牲的斗争精神，他兢兢业业、任劳任怨的工作作风，他艰苦朴素、廉洁自律的思想情操，他深入群众、执政为民的公仆情怀，为后人留下了极其宝贵的精神财富。

这就是一个共产党员为实现共产主义理想而奋斗的一生，用生命的力量雕刻出共和国的容颜，用忠烈的鲜血晕染出新中国的风采，用满腔的赤诚捍卫了共产党员的信仰。

信仰是什么？是千锤百炼、淬火成钢、矢志不渝。信仰该如何践行？答案就在一个共产党员所挥洒的每一滴鲜血和汗水里，在他为国家与人民所做的每一件实事中，在他为人民美好生活向往而奉献的生命的每一天。栗再温就是这样一位共产主义信仰的践行者，一个真正的中国共产党人！

（资料整理：郭广伟）

临江仙·读杨开慧家书

李冰燕

天各一方谁与共，
难眠愁绪丛生。
云封雾锁意难平。
修书无处寄，
唯有泪波横。

主义行真襟海内，
救民济世情浓。
纵然殉道也从容。
丹心同比翼，
霞色染苍穹。

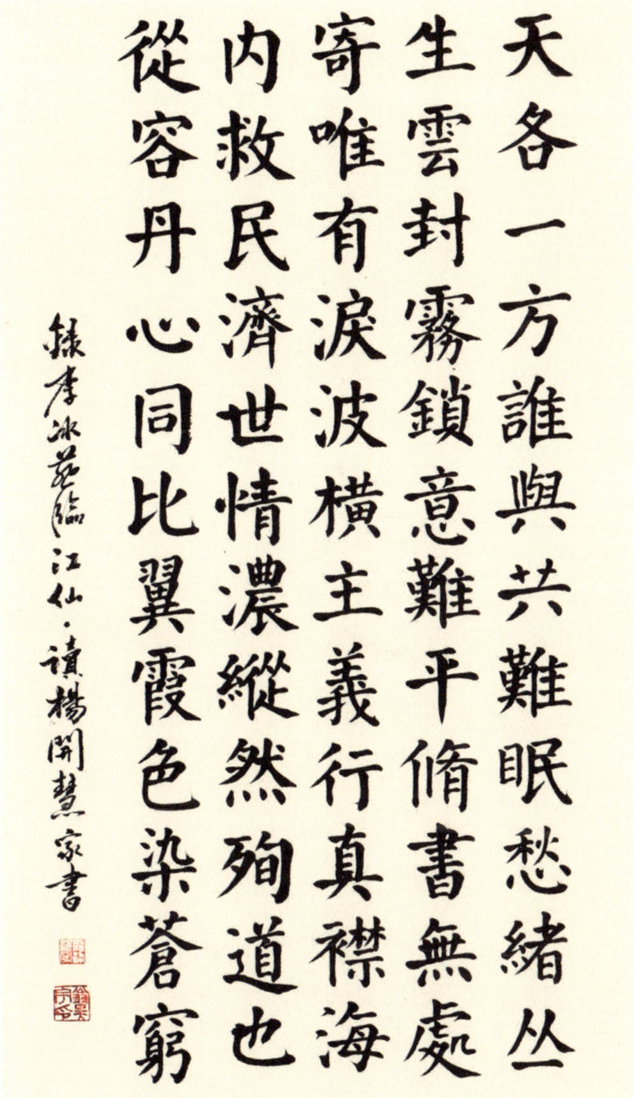

《临江仙·读杨开慧家书》（书法：翁昊宇）

《霞染苍穹》（篆刻：林佳恒）

祝英台近·读杨开慧家书

李春艳

久别离，甚牵念，
书信难相寄。
谁解吾心，
字字含深意。
几番梦里思君，
山高水远，
数归雁、总无消息。

为主义。
腥风血雨曾袭，
此去更迢递。
囹圄何如，
生死亦何惧！
若忆伉俪情浓，
汝应知会，
便来寻、板仓故里。

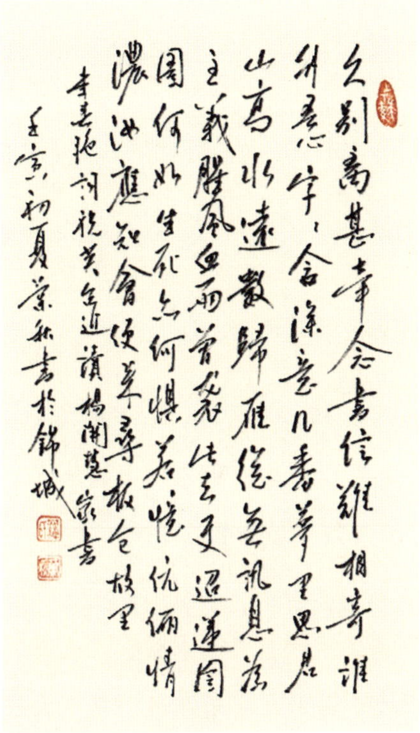

《祝英台近·读杨开慧家书》（书法：罗兰秋）

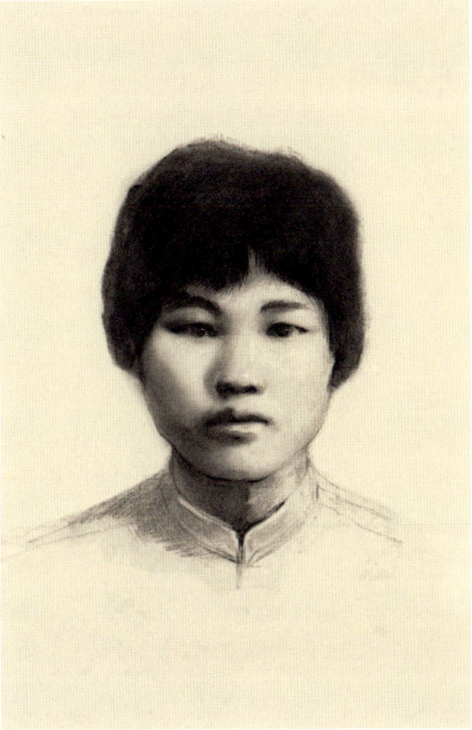

《杨开慧》（绘画：殷仁行）

伉俪情浓（篆刻：余松波）

英雄事迹

杨开慧（1901—1930）湖南长沙人，字云锦，又名霞。毛泽东夫人。1921 年加入中国共产党。1982 年和 1990 年，修缮杨开慧烈士故居时，在她的卧室内侧墙壁里发现了她用蜡纸包裹着的书信手稿。

润之：

几天睡不着觉，无论如何，我简直要疯了。许多天没来信，天天等，眼泪。我不要这样悲痛，孩子也跟着我难过，母亲也跟着难过，简直太伤心了，太寂寞了，太难过了。

我想逃避，但我有了几个孩子，怎能？五十天上午收到贵重的信，即使你死了，我的眼泪也要缠住你的尸体。

你是幸运的，能得到我的爱，我真的是非常爱你啊，不至于丢弃我吧？

你不来信一定有你的道理。普通人也会有这种情感，父爱是一个谜，你难道不思想你的孩子吗？是悲事也是好事，因为我可以做一个独立的人了。我要吻你一百遍，你的眼睛，你的嘴，你的脸颊，你的额，你的头，你是我的人，你是属于我的！

昨天我跟哥哥谈起你，显出很平常的样子，可是眼泪不知怎样就落下来了，我要能忘记你就好了，可是你美丽的影子，你美丽的影子，隐隐约约地看见你站在那里，凄清地看着我，谁把我的信带给你谁把你的信带给我，谁就是我的恩人。

天哪，我总不放心你，只要你好好地，属不属于我都在其次，天保佑你吧。

今天是你的生日，我格外不能忘记你，晚上睡在被子里，又伤感了一回，听说你病了，而且是积劳的缘故，没有我在旁边，你不会注意的，一定要累死才休，你的身体实在不能做事，太肯操心，天保佑我吧。我要努一把力，只要每月能够赚到60元，我就可以叫回你，我不要你做事了，那样随你的能力，你的聪明，或许还会给你一个不朽的成功呢。

又是一晚没有入睡，我不能忍了，我要跑到你那里去，小孩，可怜的小孩又把我拖住，我的心挑了一个重担，一头是你，一头是小孩，谁都拿不开。我要哭了，我真的要哭了，我怎么都不能不爱你？我怎么都不能。天哪，给我一个完美的答案吧！

云锦

1929年12月26日

秋收起义前夜，毛泽东把妻儿送回了湖南老家。1927年8月31日清晨，杨开慧为丈夫打点好行李，送他离开。3年后，他的妻子杨开慧，在长沙城外识字岭英勇就义。3年前的一别，竟然是天人永隔。

在分别的3年里，杨开慧把对丈夫的思念一笔一画都写进了家书。在革命的激荡岁月中，这位出身书香门第，有着似水柔情的女子，带着他们的3个幼子在长沙老家煎熬守望，一封封寄不出去的家信成了她全部的精神寄托。

杨开慧在思念与希望中，度过了1000多个日夜。1930年10月24日，杨开慧和3个孩子不幸被捕入狱，敌人要求：只要杨开慧同意登报声明与毛泽东脱离关系，就可以得到自由。但，她誓死不屈，1930年11月14日英勇就义，年仅29岁。她牺牲前，说过这样一句话：“我死不足惜，愿润之革命早日成功。”

这封饱含深情的信，字字写满了杨开慧对丈夫的深爱和希望、对革命的信仰和坚守。但这封信也是杨开慧生命中的绝唱，令人深感遗憾并万分痛惜的是毛泽东终生未能读到这封信，直到去世都不知道有这封信的存在。

这尘封已久重见天日的杨开慧烈士手稿，是她在人生的最后3年中留给后人非常珍贵的文字。这文字，让我们得以走进杨开慧烈士的内心世界去追寻作为一名革命者，作为一名共产党员，作为一个妻子，作为一位母亲的心路历程，去感受她的忠诚、她的坚强、她的无私、她的伟大，也让我们见证了她与毛泽东之间超越生死的爱情，见证了一位共产党员对国家、民族最深沉的爱恋。

这一封在写完后60年才被意外发现的信，记述了年轻的杨开慧将自己与丈夫在分开3年中的思念、绝望和希望中的坚持用文字一一斟出，感人肺腑的文字，让大家看到了一个真实的杨开慧，一个在钢筋铁骨之下，细腻却又坚强的杨开慧，虽然收信人终生没能收到，但让我们所有后人看到了一个为爱、为信仰而生的伟大女性！

（资料整理：严淑华）

鹧鸪天·孤岛守望者 王继才

李冰燕

独处孤礁寒暑长，
鸟鸥相伴踏荒凉。
迎头浪卷千堆雪，
泥手家植万木芳。

耘寸土，筑国防。
一言承诺尽担当。
如斯守望三十载，
身作丰碑屹海疆。

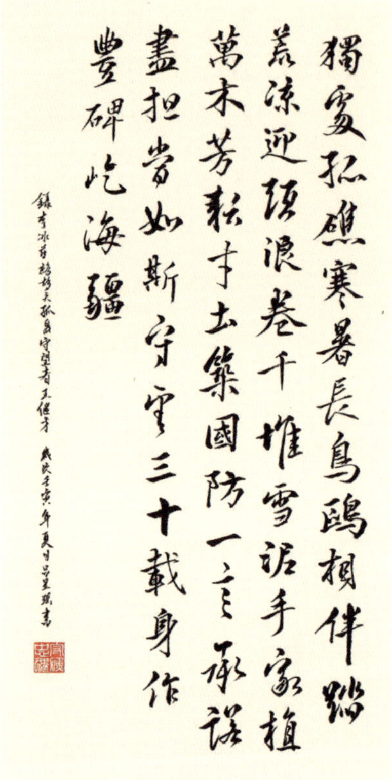

《鹧鸪天·孤岛守望者 王继才》

（书法：吕昱瑶）

《守礁忠魂》

（篆刻：董春波）

《王继才和王仕花》（绘画：刘紫瑜）

英雄事迹

他们是2018年感动中国人物：丈夫王继才，妻子王仕花，他们守护的小岛叫开山岛。开山岛位于我国黄海前哨，面积仅0.013平方公里，比足球场稍大一些，岛上无水无电，野草丛生，海风呼啸。正是这样一座条件恶劣，无电、无淡水、无居民的“三无”孤岛，扼守着海上要冲，担负着重要的海防国防，是一个国防战略要岛。

在王继才上岛之前，武装部队先后找了很多人守岛，因条件过苦，他们都没有坚守下来，最长的待了13天，最短的过来看一眼就走了。1986年，26岁的王继才接受了守岛任务，一守就是32年，直到生命终止的最后一秒。

王继才从决定守岛的那一刻，漫长而又孤独的守岛旅程就开始了。在王继才坚守的第48天，妻子王仕花来岛上看他，看到胡子拉碴、像“野人”般的丈夫，她泪如雨下。可不管妻子怎么劝，丈夫就是不离岛。为了让丈夫安心守岛，王仕花辞去了村里小学教师的工作，将2岁大的女儿托付给了婆婆，毅然上岛和丈夫并肩守岛。

守岛的生活异常艰苦。岛上到处都是肆意横行的蛇和老鼠。从不沾烟酒的王继才学会了抽烟。烟抽完了，他就挖岛上的大叶菜，晒干碾碎用纸卷着抽。

台风来时，船只无法出海，小岛就成了与世隔绝的孤岛。一次，连续刮了17天台风，岛上粮食吃完了，只剩下半桶淡水。无奈之下，王继才就带着王仕花在礁石上捡海螺充饥。等救援人员上岛时，两个人已经3天没吃饭了。

环境的恶劣、生活的艰苦从来没有磨灭丈夫坚守孤岛的决心。升旗、巡岛、观天象、护航标、写日志……每天早晨升旗后，王继才便带着王仕花开始了一天中的第一次巡岛，在哨所观察室用高倍望远镜扫视海面，观察岛上自动测风仪、测量仪是否正常。晚上7时，丈夫再带她巡岛一遍。

在王仕花眼中，王继才永远是一个为国戍海的傲骨铁汉。一次，遇到12级台风，丈夫怕国旗受损，就顶着风跑到山顶将国旗降下来抱在怀中。返回途中，一脚踩空从半山腰滚下来，摔断两根肋骨。

傲骨铁汉亦有侠肠情怀。渔民晚上出海时，他们就亮起信号灯；遇到雨雾冰雪天，他们就在岛上敲响盆子，提醒渔船绕道航行；过往渔民缺粮少药，他们就拿出备用的粮食、药品赠送……

一次，一艘渔船被海浪打翻，5名船员落海，王继才发现后冒着随时被卷入海里的危险，把落水船员一一救上岛。还有一次，台风“莫拉克”登陆时，一艘渔船在开山岛附近严重倾斜，随时都可能沉没。王继才马上给相关部门汇报，并打电话呼叫一艘大型船只赶来救援，及时将这艘渔船拖回了港湾。

但王继才80岁的老父亲病重住院时，正值战备执勤的关键时刻，他却没能看到父亲最后一眼。王继才也曾承诺，女儿出嫁一定要回去为她办一场风风光光的婚礼，却又一次食言。

32年，王继才带着王仕花，每天清晨扛着国旗走向小岛高处，一人升旗，一人敬礼，以海岛为家，与孤独相伴，在植物都难以存活的孤岛上默默坚守，把青春年华奉献给了祖国的海防事业。2018年7月27日，王继才因病不幸去世。妻子王仕花悲痛之余，申请继续留在孤岛上坚守，这是王仕花的心愿。

可在敬佩这对守岛夫妻的同时，也有人问：在一座面积不足2个足球场大小的孤岛上不分夏雨冬雪地升起国旗，意义到底在哪里？

这个问题，王继才日常是这样跟王仕花说的——

“别看这岛小，它是我们祖国的海疆，守岛就是守国门、守边疆。国旗升起来，才觉得这座岛是有颜色的。岛再小，也是国家的领土，岛上插着国旗，别人就知道有人守着，国旗是国家主权的象征。岛就是国，旗帜就是阵地，我要让国旗永远在岛上高高飘扬。”每天升国旗就是这对夫妻爱国情怀和报国信念的质朴表达！

习近平总书记对王继才同志先进事迹作出重要指示强调，王继才同志卫国32年，用无怨无悔的坚守和付出，在平凡的岗位上书写了不平凡的人生华章。我们要大力倡导这种爱国奉献精神，使之成为新时代奋斗者的价值追求。

（资料整理：郭林锋）

浣溪沙·马克思主义传播者 陈望道

李冰燕

乡梓水塘陋室寒，
生吞墨粽笔生澜。
烛光渐映五更天。

火种舶来燃赤县，
红船帆起赖司南。
百年革道字行间。

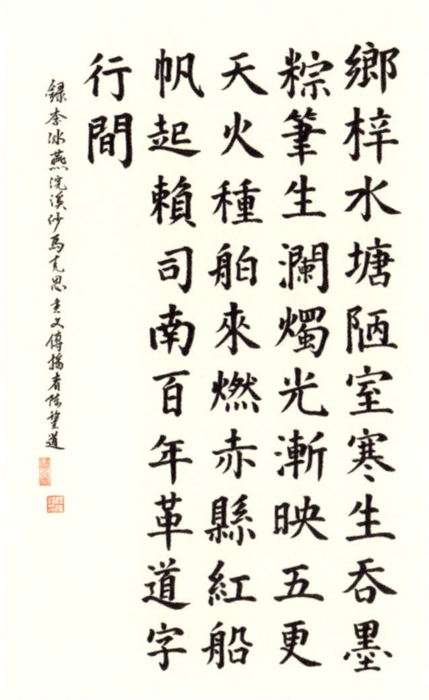

《浣溪沙·马克思主义传播者 陈望道》
（书法：杨晓锋）

《陈望道》（绘画：陈世彧）

《盗火者》（篆刻：林佳恒）

英雄事迹

初心源自信仰，使命呼唤担当。我们都知道选择信仰很难，坚守信仰则更难。在战争年代里，不仅有血与火的考验，更有信念的淬炼。陈望道，正是凭借着对马克思主义的坚定信仰，坚守着挽救民族危亡的初心，成为中国历史上第一位《共产党宣言》中文全译本的翻译者，为马克思主义在中国的传播和实践做出了不可磨灭的贡献。

16岁那年在村内私塾完成早期教育的陈望道，怀着理想第一次翻越村前的山顶外出求学。1912年抱着实业救国的思想，22岁的他远赴日本留学。1919年受五四运动的感召，陈望道回到了祖国，回国后的他带着一腔爱国抱负进入浙江第一师范学校任教，并领导浙江的新文化运动。在1919年震惊全国的“一师风潮”中，陈望道便是此次事件的中心人物，也正是因为这一事件让他更清楚地认识到了中国的革命道路，同时也更加坚定了他革命的决心。虽然当时在国内已有大量零散介绍马克思主义的文章，也出现了有关《共产党宣言》的片段和部分章节的翻译，但是却没有中文全译本，任何的实践行动都需要有科学的理论来进行指导，所以急需有一本汉译版的《共产党宣言》来指导国内的革命工作。陈望道在当时却是翻译工作的最佳人选，之后，他便受邀进行《共产党宣言》的翻译工作。在翻译的过程中有着这样一个不为人知的故事：时间回到1920年，寒意料峭的初春，已辞去教职的陈望道在义乌老家破旧不堪的柴房里，在昏暗的煤油灯下潜心翻译《共产党宣言》。为了保证翻译的质量和速度，他夜以继日，废寝忘食地工作。陈母见儿子关起门来不分昼夜地翻译，便给儿子做了糯米粽子，外加一碟红糖，送到书桌前，催促儿子趁热快吃。陈望道吃粽子时眼睛始终没有离开书本，在继续琢磨翻译句子。过了一会儿，母亲在屋外喊道："红糖不够，我再给你添一些。"陈望道赶快回答："够甜，够甜的了！"当母亲进来收拾碗碟时，却看到儿子满嘴墨汁，红糖却一点儿没动，原来陈望道是蘸了墨汁吃了粽子，于是母子相视大笑一场。此时，陈望道完全沉浸在翻译工作中，整个注意力都被《共产党宣言》中的思想吸引，母亲问他粽子够不够甜时，他对《共产党宣言》的感觉完全替代了味觉，从而也就有了他那经典而意味深长的回答，"信仰的味道非常甜"。

的确，对于陈望道来讲，信仰的味道就是甜的，也正是在翻译《共产党宣言》的过程中，陈望道找到了他一生从未改变的信仰，也正是这种坚守信仰的初心使其成为马克思主义坚定的信仰者和传播者。

理想信念是共产党人精神之"钙"，精神上"缺钙"，就会得"软骨病"。青年是中国特色社会主义事业的建设者和接班人，是实现中华民族伟大复兴中国梦的主力军。信仰不会从天而降，更不会凭空产生，青年人正确的信仰却是来自对真理的追寻。青年学生是一群思想敏锐、可塑性强，同时具有较高的知识水平和判断力的特殊群体，他们更容易学到、感受到和接触到新的思想和生活方式。处于这一时期的青年学生的信仰正由崇拜泛化向信仰选择过渡、由低层次的非理性信仰向高层次的理性信仰发展的一个阶段，所以青年时期树立正确的理想信念是十分关键的。首先，广大青年要把理想信念建立在对科学理论的理性认同上，正确认识历史发展规律和我国的基本国情。其次，要以我国改革开放和现代化建设过程中所遇到的实际问题、以我们正在做的事情为中心，着眼于马克思主义理论的运用和实际问题的理论思考。最后，要牢固坚持在中国历史发展和中国人民奋斗过程中所积累的道路自信、理论自信、制度自信、文化自信，并积极投身于中国特色社会主义伟大事业中去，从而为实现中华民族伟大复兴的中国梦不断奋斗。

（资料整理：张艳婷）

江城子·李克农

董志霄

出生入死隐苍茫，
蹈冰霜，斗狐狼。
飞羽解危，
几度挽澜狂。
赤胆忠心唯信念，
潭底卧，又何妨。

千军万马布潜藏，
握绳纲，待时张。
不逝电波，
如剑刺强梁。
密战奇才绝世旷，
功卓著，史流芳。

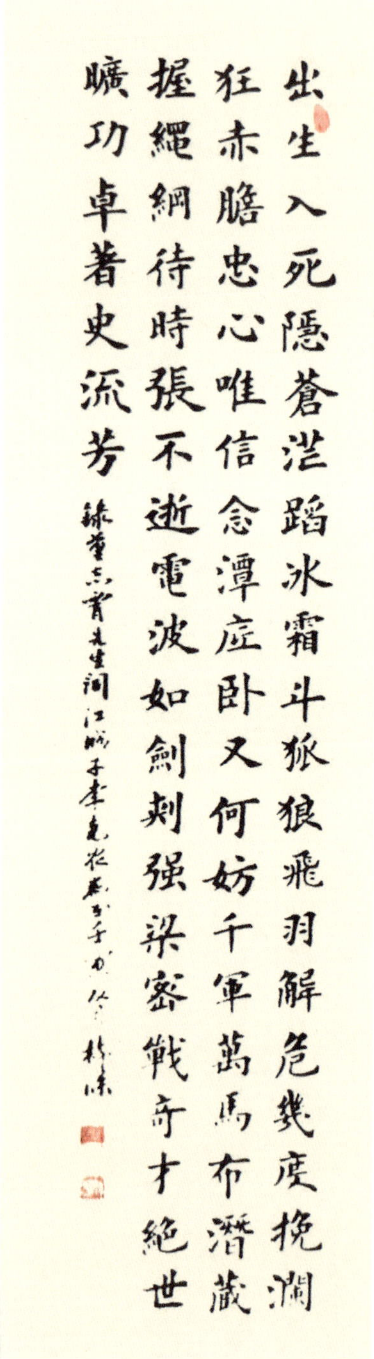

《江城子·李克农》（书法：李树深）

《李克农》（绘画：贺宇）

《龙潭英杰》（篆刻：张克勤）

英雄事迹

他，是一位传奇人物，从来没有在战场领过兵、打过仗，却在1955年新中国首次授衔仪式上，被授予开国上将；他，是我党我军情报战线的元勋，是“红色特工、传奇英雄，只身虎穴、与狼共舞”的中共“特工之王”——李克农。

李克农，1899年出生于安徽巢县，1926年加入中国共产党，1929年打入国民党特务首脑机关，不久便升任特务股股长。作为隐蔽战线上的杰出领导者和组织者，李克农多次向党提供了决策性的情报，其中，影响最大的一次是在1931年4月。

一天深夜，一封密信交到李克农手中，他打开一看就怔住了，“天亮已走，母病危，速转院”，他立刻明白顾顺章叛变了。顾顺章当时是中央特科负责人、中央政治局候补委员，对党的核心机密了如指掌，如果他和盘托出，后果不堪设想，党在上海的中央机关和领导人将面临巨大危险。李克农意识到问题的严重性，心急如焚，作为情报人员他明白必须尽快将消息传递出去，给党中央留下应变的时间。他和时任中央情报部部长陈赓是单线联系，可万万不巧的是，当天并不是他们定期接头的日子。

形势万分紧急，容不得半点儿拖延。紧要关头，李克农置个人安危于不顾，他打破惯例，通过江苏省委工作的关系，找到中央刚建立的临时备用联络点，终于将情报及时送到陈赓手上。随后，二人迅速把这个情报报告给周恩来。周恩来立即召集中央有关领导，决定采取断然措施，把和顾顺章有关的所有关系、线索统统掐断，所有联络暗号和接头方法全部作废，中央机关、江苏省委机关、共产国际派驻上海的机关全部撤出，中央领导和机关工作人员、地下交通全部转移。

两天后的一大清早，陈立夫带着大批国民党军警特务开始了疯狂大搜捕。那时，一个个据点已是人去楼空，刚刚烧完的文件还在冒着缕缕青烟，来不及拆除的天线还在晃动，最后撤离的周恩来和陈赓与敌人擦肩而过。从得到情报到李克农及时传递信息，再到周恩来果断决策，正是这一连串环环相扣的举措，才使我党免受灭顶之灾。可以说，如果没有李克农，中国革命的历史也许会被改写。

顾顺章叛变后，李克农完全暴露。1931 年 8 月，他秘密撤离上海，进入江西苏区，就任中共中央联络局局长。新中国成立后，李克农先后担任外交部副部长、中共中央军委总情报部部长、中共中央调查部部长。1955 年，李克农被授予上将军衔，荣获一级八一勋章、一级独立自由勋章和一级解放勋章。

1962 年，李克农不幸病逝。时任国家副主席董必武赋诗：“能谋颇似房仆射，用间差同李左车。”这两句诗将李克农的大智大勇和能谋善断，与唐太宗倚重的大臣房玄龄和秦汉时期的大谋士李左车相提并论，生动描述了李克农对中国革命的贡献。李克农的智和勇来自他坚定的信念和对党的绝对忠诚，他初心不改、无私无畏的革命精神值得我们永远继承和发扬。

（资料整理：魏建丽）

鹧鸪天·李才清

董志霄

教子相夫线与针，
狼烟骤起暗乡村。
送儿披甲赴沙场，
坚壁扶伤掩洞门。

节粮谷，慰军心。
敌前威武不屈身。
一生隐姓留芳绩，
秀在家山草木欣。

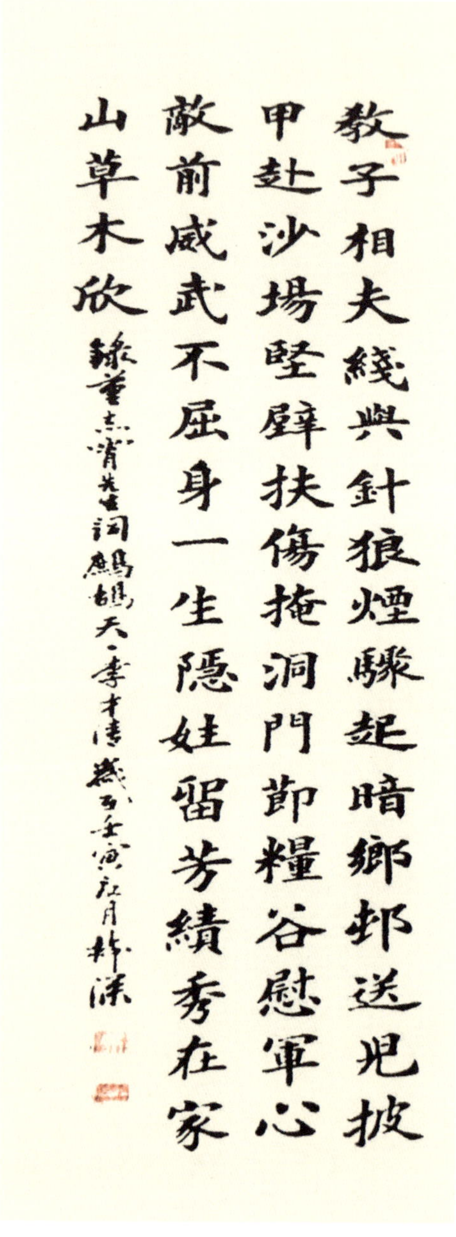

《鹧鸪天·李才清》（书法：李树深）

《李才清》（绘画：张子恒）

《太行母亲》（篆刻：张克勤）

英雄事迹

庄子岭位于邯郸涉县北部太行山深处，主峰海拔 1130 米，抗日战争时期曾是白求恩医院伤员养伤的地方，是伤病员的家园。每年秋天是庄子岭最美的季节，红栌、黄栌，一簇簇，一沟沟，一坡坡，同气连枝，漫山红遍，层林尽染，如火如血。一条弯弯曲曲的羊肠小道，从山脚向上蜿蜒，小道尽头的山壁上挂着几户石屋石院，不时飘出几缕稀薄的青蓝色炊烟。秋天里来到庄子岭的人们除了品赏红叶，大多还要拜访掩映在红叶丛中的一户人家，准确地说，是去缅怀“八路军母亲”——李才清。

李才清，1902 年出生于涉县青塔村一个贫苦农民家庭，17 岁时嫁入一户郭姓人家，人称“郭二嫂”。郭二嫂性情敦厚、坚韧。1938 年，八路军在涉县建立新政权，实行了减租减息，李才清一家人的日子慢慢好了起来。看到八路军抗日救国，为穷人当家作主，是老百姓的子弟兵，李才清就让在外做长工的大儿子郭喜当上了小八路。

1942 年 5 月，侵华日军对太行抗日根据地实施“梳篦清剿”大“扫荡”。八路军总部和北方局决定：机关和后勤部门向外线转移，老弱妇幼交当地群众疏散隐蔽。一些八路军伤病员和行动不便的女同志陆续来到了庄子岭，李才清和家人将他们藏在庄子岭周围半山腰的山洞中。八路军后勤部还派人把 32 驮冀南银行钞票、8 箱银器、几驮军用服装和许多药品送到庄子岭，李才清连夜带领全家，连背带扛把钞票掩藏到村外的土山上，不易搬运的银器埋在自家驴圈里，再盖上几筐新驴粪，最后又把军用被服、药品运到村后的山洞里藏好。

第二天拂晓，敌人开始搜山。面对日寇的刺刀，李才清从容应对，一口咬定这里从未来过八路军。敌人恼羞成怒，冲进屋内搜索，用枪托敲打地面，用刺刀挑开水缸的盖子，把家里翻了个遍，最后连一根线头也没找到。敌人不甘，放火烧房，岂料房梁、房基、墙壁皆为石质，烧不得、拆不得，敌人只能狠狠将李才清踢翻在地，悻悻离去。

可敌人连续搜山，怎么办？李才清发挥熟悉地形优势，白天敌人搜山，一家人就躲起来，夜晚就用棉被堵上门窗，烧火做饭，用大锅熬好粥，一盆盆一罐罐，趁夜色送到各个山洞。无论刮风下雨和情况险恶，从未中断。后来形势好转，不少伤病员便回到李才清家住，炕上、炕下躺得满满当当。李才清白天为他们洗衣做饭，夜里安排家人轮流站岗放哨。近20天时间里，李才清拿出家中多年积攒的小米、玉米面、柿子面等所有存粮，支援伤病员，而由她保管的钞票、银器、服装、药品等军用物资，在敌人轮番“扫荡”中，分毫未损。

中华人民共和国成立后，李才清一直默默生活在庄子岭的深山老峪，对自己的经历只字不提。1985年，涉县县委征集庄子岭战斗史料，李才清及其事迹才被发现，时年她已经83岁。1986年3月，涉县县委县政府授予她“八路军母亲”荣誉称号。老人去世的时候，曾嘱咐自己的儿子：“电视台、报社的人来了，不要再多说了，不要再宣传我，八路军在这里只喝过稀饭，没吃过什么好东西。”这就是一个一辈子“没见过世面”的山村老人，她把传奇留给了庄子岭。

在位于涉县赤岸村的八路军129师司令部旧址的展室里，陈列着一根50多米长的麻绳，这根绳子是李才清当年给伤病员往山洞里送饭用的，它是八路军和人民唇齿相依的纽带，见证了血浓于水的军民鱼水情。抗战时期，刘伯承、邓小平等老一辈无产阶级革命家，在涉县战斗生活多年，129 师同敌人浴血奋战，并不断发展壮大，涉县广大群众为支援抗战做出了巨大贡献、付出了巨大牺牲。正是背后有千千万万像李才清这样的老百姓的支持，才成就了“九千将士进涉县、三十万大军出太行”的不朽传奇。

如今，战争的硝烟早已散去，李才清故居犹在，英雄的山，养育了英雄的人，英雄的故事代代相传，如同这漫山的红叶，葱茏茁壮，生生不息。

（资料整理：徐雁红）

破阵子·红色电波

王福栋

掠地还需势壮，
攻心必要声多。
三万里①时传快讯，
四百天②频飞电波。
天桥③镇鬼魔。

帷幄运筹日夜，
决胜万里山河。
号角争鸣擒恶寇，
战鼓惊擂胜盾戈。
负赢指下歌。

① 三万里：泛指中国大地，指红色电波广泛传播中华大地，语出陆游《秋夜将晓出篱门迎凉有感二首》：三万里河东入海，五千仞岳上摩天。

② 四百天：指邯郸红色电波从 1947 年 3 月 30 日至 1948 年 5 月 22 日完成使命，历时约为 400 天。

③ 桥：指用无线电波架起的“空中桥梁”。

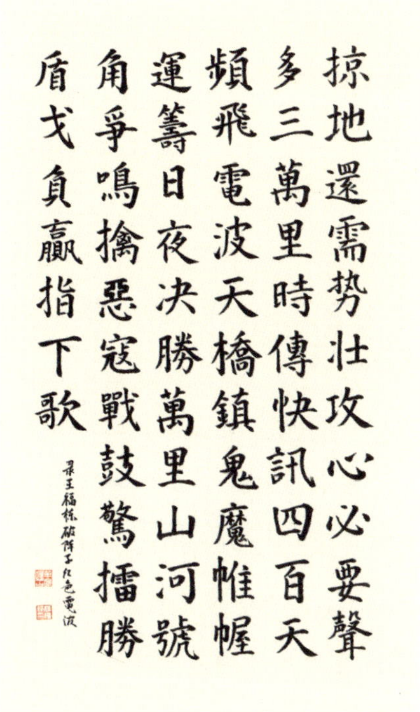

《革命喉舌》（篆刻：林佳恒）　　《破阵子·红色电波》（书法：杨晓锋）

《太行山的红色电波》（绘画：冯靖涵）

英雄事迹

1946年9月1日，邯郸涉县沙河村的人们兴高采烈，因为这一天邯郸新华广播电台进行了首次播音，呼号XGHT，播音内容是中共中央的声明、中共晋冀鲁豫中央局的号召、民主建国军总司令高树勋将军的反内战通电等。从此，太行山的红色电波传播在祖国的万里长空，这是多么值得纪念的一刻啊！

在那艰苦的岁月，想要打破敌军的文字封锁，建立电台向海内外宣传党的主张，谈何容易！那晋冀鲁豫军区的军民是如何做到的呢？

1945年底，刚刚占领焦作的八路军和民兵意外缴获了国民党的两部“导航机”。可导航机只能用于短距离对话，要想用于口语广播，还需要技术改装。八路军总部三科材料股股长王士光带人接运机器至峰峰矿区，克服重重困难，终于把两部导航机改装成了广播发射机。设备有了，电台建在哪里好呢？为了安全起见，台址设在太行山东麓的涉县沙河村。这里深处山谷之中，地形非常隐蔽，周围山上也便于架设发射天线，是设电台的理想之地。台址确定后，大家就马不停蹄地行动了。“积力之所举，则无不胜也；众智之所为，则无不成也。”军民团结共进，众志成城，电台终于建立了：播音室和机房设在老乡家的窑洞里，电力供应使用汽车引擎烧木炭，发射天线用杉木杆子架设而成。

然而烧木炭的汽车发动机供电很不稳定，一有故障电台就要暂时停播，改用汽油后又因耗油量太大难以保障汽油供应而不得不于10月15日停播。

为了从根本上解决电源问题，从煤矿抽调来了 1 台锅炉和 1 台蒸汽机。经过整改后，电台有了稳定的电源，从 12 月 15 日恢复了播音，后来又正式组建编辑部。

1947 年 3 月，胡宗南大军进犯延安，中宣部、新华社和陕北新华广播电台需要向涉县西戌镇转移。这时党中央要求邯郸台做准备，随时接替陕北台。一声令下，台长常振玉二话不说，带领大家付诸行动，夜以继日改装好一台适合陕北台使用的发射机，安装了 1 台 1000 瓦的发电机，架设高达 10 米的定向天线。肖风将编辑人员一分为二，又从《人民日报》等单位借调人员加强编辑力量，选出于韵琴、兰林等播音员反复训练，提高播音水平的同时，模仿原播音员的感情、口音和语气，以达到以假乱真的效果。

3 月 29 日晚，陕北台在广播了我军在西北战场上的第一个大胜仗——青化砭大捷的消息后，便结束了播音。当晚，邯郸台在听不到陕北台的声音后立即以陕北台的波长播出了《兄妹开荒》唱片，接着反复呼叫“陕北新华广播电台，XNCR……”并且重播了青化砭大捷的消息。3 月 30 日邯郸台正式接替陕北台。不知情的听众根本察觉不到有什么变化，谁也想不到陕北台的声音竟然来自太行山的沙河村！就这样，党中央的声音从未中断。邯郸台完美地完成了接替任务！从此红色电波由太行山传向全国！

此时，邯郸台出色地担负起 2 个台的广播工作，1 个台址发出了 2 个电台的声音，这是中国广播史上的特例，也是邯郸人的骄傲！

4 月底，陕北台编辑部温济泽和播音员钱家楣等到了沙河村，接替编辑和播音工作。6 月，廖承志率领“新华通讯社”的大队人马来到涉县西戌村，把陕北台和邯郸台的编辑部合并成立了“新华通讯总社”。梅益领导广播口语工作，并负责审稿，孟启予、齐越等担任播音工作。

陕北台还增设了英语广播。9 月 11 日，魏琳的声音从沙河村的窑洞里传出：“这里是 XNCR，陕北新华广播电台。今天，9 月 11 日，我们开始播送新办的英语新闻节目，由新华通讯社专为讲英语的朋友们提供关于中国方面的新闻……”魏琳被称为中国红色英语广播第一人。这是对外广播的开始，从此冲破了国民党的“新闻封锁”，把党中央的声音传向了全世界。

1947 年 3 月 30 日至 1948 年 5 月 22 日，邯郸台和陕北台同舟共济、并肩作战，让党中央的声音从太行山传遍了中华大地，传到了海内外。邯郸成为当时中国红色广播的中心！

随着形势的发展，陕北台在 1948 年 5 月下旬转至平山县，后来进入北京，也就是现在的中央人民广播电台。

邯郸台不断发展壮大。1948 年 10 月，常振玉带人接收了太原广播电台，也就是今天的山西人民广播电台。1949 年元旦，邯郸台正式结束播音，成为陕北台的转播台。3 月 23 日，邯郸台完成了自己的历史使命，停播后发射机运往北京，如今陈列在中国革命历史博物馆里。在这两年半的时间里，邯郸台除了转播陕北台的节目，也开办了自己的特色节目，如对南下解放军的广播节目等，其中播送《军属家信》栏目深受广大军民的喜爱。

虽然红色电波在邯郸的时间不长，但是在中国革命史上留下了浓墨重彩的一笔。电台在涉县沙河村的这段岁月，正是解放战争打得如火如荼之时，太行山里传出的红色电波宣传了党中央的政治主张，播报了战争捷报，吹响了大反攻的号角，呼出了“打倒蒋介石，解放全中国”的口号！极大地鼓舞了广大军民的斗志。另外对国民党广播节目配合了军事斗争，瓦解了敌军，发挥了不亚于十万精兵的作用，促进了解放战争的胜利和新中国的诞生！

如今太行山的沙河村，窑洞依旧，电波已逝，但那段光辉岁月永远留在我们的心中！当年红色新闻工作者和革命老区人民不畏艰险、善于创新、勇于担当、敢于斗争和不怕牺牲的精神，值得我们不断学习、传承和发扬光大！

（资料整理：郑丽果）

采桑子·刘亚楼

王福栋

平生勋绩堪回首，
征战不休，
征战不休，
忠勇多谋，
称智将星稠。

凌云事业朝夕起，
日上层楼，
日上层楼，
猎猎军旗，
巡天自风流。

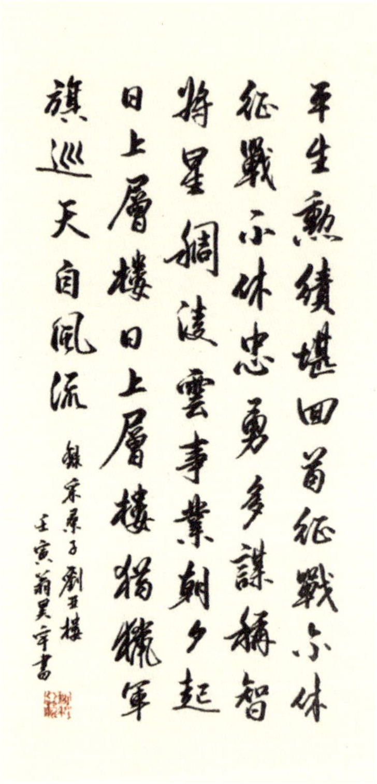

《采桑子·刘亚楼》（书法：翁昊宇）

《开国上将中国空军之父——刘亚楼》（绘画：贺宇）

《智将亚楼》（篆刻：庞武坤）

英雄事迹

他是一位叱咤风云，称得上“常胜将军”的上将。长征路上，许多硬仗、恶仗几乎都有他的精彩之笔，曾被毛泽东赞赏“将才难得”。解放战争中，他在东北、华北协助林彪、聂荣臻运筹帷幄。平津之战，号称“固若金汤”的天津在他的指挥下仅29小时即被攻克。他是新中国成立后中国人民解放军第一任空军司令员，指挥了抗美援朝空战，创造了20世纪战争史上的奇迹，被称为“中国空军之父”。他就是中国人民解放军开国上将——刘亚楼。

刘亚楼，原名刘振东，1910年出生于福建省武平县，1929年8月加入中国共产党，同年底参加红军，无产阶级革命家，军事战略家。抗战时期与解放战争时期屡立奇功，有“智将”的美誉。

1949年10月1日，在新中国开国大典的阅兵式上，解放军战机编队从天安门广场上空呼啸而过，外国记者惊呼：“中共一夜之间有了自己的空军。”在这振奋人心的背后，却是仅有的飞机凑不够空中梯队，这时周恩来总理提议让飞机循环飞行，两次接受检阅。

在百废待兴的新中国，让阅兵飞机飞两遍是不得已的办法。从那时起，中央军委决定要加快建立人民空军。1949年10月25日，毛泽东亲自指定时任第四野战军第14兵团司令员的刘亚楼担任空军司令员，陆军出身的刘亚楼临危受命，挑起了组建空军的重担。

中共中央军委领导提出组建自己的空军的时候，有人曾嘲讽过：“中国共产党一穷二白，要想建设空军，无异比登天还难。”确实，当时的中国人民解放军不仅没有一支像样的空军部队，也没有航校、飞机制造厂，就连修理飞机的工厂都没有。

1949 年 11 月 11 日，中央军委正式宣布中国人民解放军空军成立。在之后的 1 个多月内，刘亚楼就组建起 6 所航校，创造了世界奇迹。刘亚楼非常重视航校的建设，从校址选定、营房修建、干部配备、教员培养、学员调选、教材大纲、器材装备、伙食标准，他都具体过问和指导。航校建立之后，刘亚楼又迅速组建了空军机关和作战部队，并注重从严治军，培养了空军部队的优良作风。

经过艰难创业和奋力开拓，仅用 1 年多时间，人民空军脱颖而出，迅速成长。1950 年，年轻的人民空军在抗美援朝战争中取得了“不鸣则已，一鸣惊人”的辉煌战果。1958 年，空军入闽作战，配合炮击金门，夺取福建和粤东的制空权，空军首战 3:0 旗开得胜。1959 年，在世界防空史上首次用地空导弹击落敌机 RB-57D 飞机，之后又连续击落 4 架国民党美制 U-2 高空侦察机。2019 年，中华人民共和国成立 70 周年，国产先进战机的阵容不断强大，空中梯队战鹰列列。

同时，刘亚楼崇尚节俭，建设空军所需费用中央虽然有求必应，但他强调，要把每个铜板都用在刀刃上，不当“败家子”，不能滥用中央、军委的信任。他个人在吃穿住行上，除非外事活动和重要庆典，从来都不讲究。

在国家困难时期，纸张缺乏，连印小学课本都没有好纸。刘亚楼在杭州主持编写空军条令、教材时，管理部门表示通过正常渠道能弄到好纸，保证编写人员的需要，但刘亚楼仍提出一项严格要求：除最后定稿本外，一律使用“更生纸”，谁也不例外。

为了养成俭朴的风气，刘亚楼还在空军提倡“节约一厘钱”的精神，一个螺丝钉、一滴油地实行节约。在他身体力行下，空军机关形成了这样的规矩：起草文件必须用废纸，油印过的纸都要翻过来起稿用。内部行文不准用新信封和有笺头的信纸。信封也必须反复使用，先用钢笔写，再用毛笔写，最后翻过来糊好再用，每个信封用3次。刘亚楼说："一张纸，一个信封，看起来是小事，可是整个空军算起来，节省的纸就相当可观了。"

刘亚楼明确反对那种"房子越住越气派，汽车越坐越高级，家具越用越时髦"的庸俗享受，反感那些追求特权享受、损公肥私之人。他率先垂范，年轻的人民空军养成了勤俭建军的好作风，得到毛泽东和中央财经委员会主任陈云的多次表扬。

1965年5月7日，刘亚楼在上海病逝，年仅55岁。中央军委送给他的挽联上写着16个大字：国失干城，三军挥泪，功在社稷，百世流芳。在新时代的今天，刘亚楼那种大公无私、严于律己、清正廉洁的优秀品质时时激励我们不断前行！

（资料整理：刘炳宇）

浪淘沙·红医将领 谷广善

王福栋

年少赴从戎，
燕赵英雄。
扶伤救死即军功。
寻药亦曾尝百草，
南北西东。

征旅尽寒风，
志若苍松。
严军立制始从容。
功业平生何所似，
元化[①]黄忠。

① 元化：汉末名医华佗字元化。

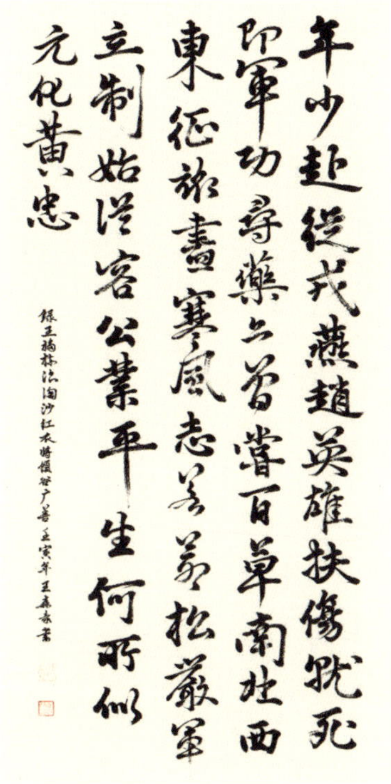

《浪淘沙·红衣将领 谷广善》

（书法：王森豪）

《救死扶伤建功勋，红医将领谷广善》（绘画：邬佳然）

《红医将星》（篆刻：庞武坤）

英雄事迹

一个人对国家深沉的热爱，不一定要宣之于口，而是根植在骨血里，践履于行动中。今天我们的主角就是红医将领——谷广善。

谷广善又名谷东平，1909年6月生于河北省高邑县塔张村。1931年12月因参与宁都起义而坚决加入红军队伍。1936年加入中国共产党。1955年被授予中国人民解放军少将军衔，荣获二级八一勋章、二级独立自由勋章、一级解放勋章。正确的人生抉择为其打开了广阔的人生舞台。年轻的谷广善将其满腔的爱国情怀与严谨的医学技能全身心地投入到了军医职业生涯当中。在土地革命时期、长征时期以及抗日战争时期，他曾先后担任中国工农红军少共国际师卫生部部长、红一军团野战医院卫生所所长、八路军115师卫生部部长以及山东省军区卫生部政委等职务。经过革命岁月的历练，他逐步成长为苏区红军医疗队伍中的骨干，为中国革命事业建立了功勋。

1932年7月，谷广善就任红五军团13军38师卫生队队长后，着手应对惨烈的水口战役中突增的2000多名伤病员。谷广善带领医疗队全面了解病情，勘察病因，针对疟疾、痢疾、烂腿3种主要疾病进行分类施策，积极救治。与此同时，他又多方了解部队生活日常、卫生状况、教育管理等现实情况，并在全师连以上干部会上秉持一心为党的初心，勇于谏言："病号多，卫生队有责任，但首先是要有针对性地加强部队教育管理。"该建议得到了军长董振堂的认可与支持，并使之迅速在部队教育管理层面积极落实。通过这种细化权责、优化管理的方式，促使各部队军政指导员抓紧卫生制度落实，营造和谐合作的人际关系，从根本上实现了部队整体卫生状况的明显改观。

1933年8月5日，中国工农红军少共国际师在江西博生县成立。随后，这个平均年龄不满18岁的“娃娃师”冲锋陷阵，经历了闽北拿口、将军殿、邱家隘等数十次激烈的战斗。残酷的战斗导致战士们身体素质普遍下降。全师4000多名战士不同程度地感染了疥疮，从而严重削弱了部队的战斗力。同年12月，谷广善初任少共国际师卫生部部长时，面对刻不容缓的病情与迫在眉睫的战事，他立即向师政委萧华报告建议：“发动部队，统一行动，彻底根治！”通过具体病情具体分析，精准施策，严格忌辣等硬性规定，将病员隔离开来，重病号用西药，轻病号用偏方。此举一方面为军队节约了极其有限的医疗资源，另一方面开发出“硫磺治天疮”的医药偏方。经过连续1个月的熬洗涂抹、煮衣消毒等突击治疗，疥疮得以全部治愈。全师卫生防疫工作大大向前推进。

在长征途中，战事频发，卫生部门面临着更加繁重的救护、收容任务。在湘江战役中，面对众多伤病员，谷广善对医务人员进行了合理的任务分配，建立起消毒、换药、护理3个各司其职但又紧密相连的医治体系，能够快速而精准地对伤员进行医治，使得战士们早日康复。全面抗战爆发后，谷广善出任115师卫生部部长。在平型关战役中，由于前线缺乏完善的收容转移机构，谷广善带领医务人员随指挥所到达前线，及时组织师教导大队、师直卫生所的医疗人员对伤员实施紧张救护，并完成了危重伤员的后方安全转移任务。1937年10月，谷广善调任1军团卫生部副部长，主持建立了医疗工作制度，开展了出入登记、建立病历、遗物落实等工作。此举得到了军团政委聂荣臻的高度评价：“有了谷广善，医院办得真像样！”

1939年3月初，115师来到鲁西地区。根据作战需要，谷广善指派卫生部二所就地在五畔村、岈山一带开展医疗救治工作。根据游击战特点，他们紧紧依靠人民群众，在作战区内修建了许多隐蔽的地洞医院、地道医院，甚至还有设在敌人眼皮子底下的地下微型医院。与此同时，他又带领当地百姓将这些隐蔽医院发展成一个个特殊的、完整的战斗体系。每个隐蔽医院中不仅仅有医术精湛的医务人员，还配备了强有力的行政领导以及优秀的政工干部。全体人员驻扎敌区，协同作战。从抗日战争到解放战争，115师在山东战场创造了一个又一个奇迹——它的精心高效救治了数万名伤病员，它的严密隐蔽保障了全体人员的安全，它的灵活机动成就了医务工作的顺利有序开展。谷广善可谓功不可没！

在历史的长河中，正是这样一群有理想、有担当，致力于家国前途的革命先烈无怨无悔、默默无闻的负重前行，才为我们带来今天静好的岁月。作为后辈的我们，也一定要接过先辈的旗帜，不忘初心、牢记使命，共同携手，致力于我们中华民族伟大复兴！

（资料整理：张仲娟）

鹧鸪天·香城固伏击战

孙耀庆

汹汹日寇犯冀南，
太行阵地岂容蚕。
将军足智精排阵，
兵士齐心善克难。

戎机动，事先谙。
截头断尾阻击酣。
飞蝗惊鹊烟弥漫，
伏虎擒龙灭敌顽。

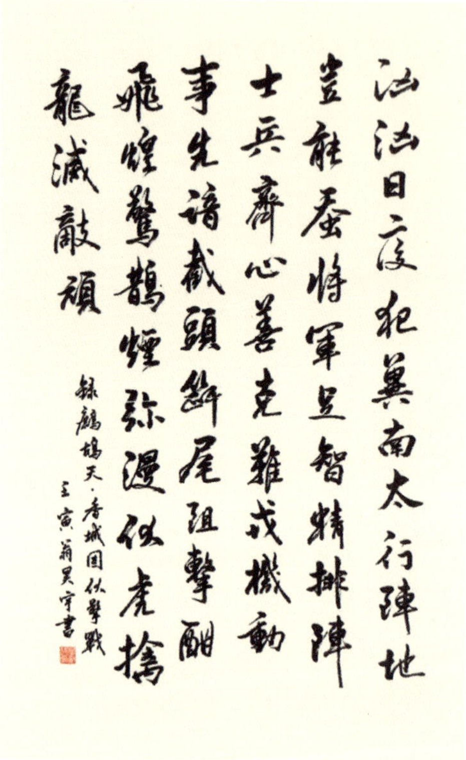

《鹧鸪天·香城固伏击战》（书法：翁昊宇）

《歼敌范例》（篆刻：董春波）

《香城固伏击战》（绘画：陈世彧）

英雄事迹

在河北省邯郸市邱县香城固镇，如今的106国道西侧老沙河东岸，耸立着一座12.9米高的纪念碑，碑的正面和东面有从毛泽东主席墨宝中选取的文字“香城固伏击战纪念碑”和“英勇牺牲的烈士们千古，无上光荣”，西面是邓小平同志的手书“革命烈士永垂不朽，光照千秋”。碑文把我们带回到了81年前的那一段峥嵘岁月。

时间回到1939年，抗日战争已经进入了艰苦卓绝的相持阶段，日军纠集3万余人对我冀南抗日根据地展开残酷的大“扫荡”。日军装备了汽车和小炮，在平原作战中拥有无可比拟的优势，因此虽然他们在广平、肥乡、曲周、鸡泽等地迭遭袭击，但是骄狂之气丝毫不改，一旦受到袭扰必然钻出据点对我军穷追不舍。八路军129师386旅陈赓旅长决定，利用这个特点打他个伏击，灭灭鬼子的嚣张气焰。就是这位陈赓旅长，早在黄埔军校时期他作为“黄埔三杰”之一就以“陈赓的腿”闻名，说的是他机灵敏捷，善于侦察和利用地形，这一次也不例外。华北平原的南部地形平坦，加之时值冬季，举目四望，到处都是光秃秃一览无余，寻找有利地形来集结和隐蔽兵力，更有力地打击敌人，是首先要解决的问题。陈赓旅长经过长时间的地形勘察，并组织干部战士召开“诸葛亮会”，最终把伏击战场定在曲周县香城固村西北的一片沙滩。这里是一个口袋形沙河故道，被当地人称为“转向湖”。转向湖周围地形倾斜，一丛丛野枣树、红柳树点缀其间。

陈赓高兴地说："这是一个很理想的袋形伏击阵地。我们就在这里让小日本鬼子见阎王！"

部署妥当后，八路军随即连续3天袭击威县、曲周等县城。部队包围县城四门，虚张声势地架起云梯攻城，黎明前却又迅速撤退，鬼子终于像被红布激怒的公牛一样出动了。2月10日上午10时驻威县的日军安田步兵中队乘坐8辆汽车，车后拖拽2门步兵炮和1门山炮，车顶架着机枪气势汹汹追击而来。

中午12时，日军刚追到香城固以北的南草场，立刻遭到设伏于此的386旅骑兵连迎头一顿痛打，鬼子大队长和翻译官被当场撂倒，然而这仍然是八路军的诱敌之计。日军还击后八路军摆出混乱的队形且战且退，往香城固方向撤退。骄狂的日军果然上当，紧跟着骑兵连一头撞进了伏击圈。

一时间枪声大作，八路军688团一营在正面阻击，主力部队在张家庄、马落堡，补充团在南香城固、傅辛庄，新一团主力则迅速进至张家庄，马落堡以北，切断了日军的退路。战至下午5时，鬼子如瓮中之鳖，被团团包围在这片大沙滩的中心地带，汽车陷入沙土中，空转的轮子扬起的沙柱有丈余高，新一团的战士们利用沙丘掩护，把集束手榴弹扔进车厢，炸得鬼子哭爹喊娘。不甘失败的敌人疯狂突围，并丧心病狂地释放毒气，英勇的八路军指战员在嘹亮的冲锋号声中冲入敌群，与日军展开白刃格斗。

激烈的战斗持续了8个小时左右，日军大队长以下250余人被击毙，俘敌8人，缴获山炮1门、九二步兵炮2门、迫击炮1门、长短枪数百支，击毁汽车8辆。我军伤亡50余人，据《三八六旅战斗详报》，其中牺牲的27名烈士均安葬在香城固。

香城固战役的第二天，日军在5架飞机的掩护下，出动2000多人乘坐150辆汽车大举报复，八路军却早已转移，日军上天入地搜查了7天最终徒劳无功。陈赓将军则在当天的日记中写道："这次战斗是我进入平原的第一次得意之作。”在他的《自传》中，陈赓豪气干云地写道：“愚蠢敌人，完全服我调动。”“汽车被毁，装备尽归我有，开平原胜利作战的新纪录。”“敌无可奈何我也！”

香城固伏击战，开创了在平原歼灭日军的光辉范例，被称为“平原歼敌第一役”。它的胜利打破了日军在平原地区不可战胜的神话，进一步加强了整个华北平原各个抗日根据地军民的必胜信心。此战之后，当地流传着一个顺口溜：“386旅好儿郎，打头的人是陈（赓）王（新亭）。沙滩布下口袋阵，转向湖上设罗网。汽车大炮全击毁，日本鬼子见阎王。解了咱们心头恨，保住咱们好家乡。”

香城固的硝烟早已散去，但是先辈们不畏强敌、敢于亮剑的气魄，开拓进取、勇于创新的精神却会永远留在这片土地，激励着一代又一代英雄的邯郸儿女奋勇向前。

（资料整理：张帆）

采桑子·王根英

孙耀庆

沪东工运征途险，
身与狂飙。
气撼囹牢，
铁骨铮铮志不摇。

枪林弹雨赴国难，
血溅征袍。
红染旌旄，
不朽英名日月昭。

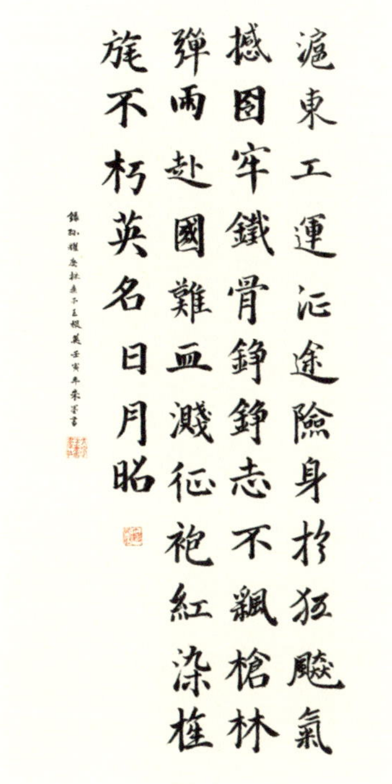

《采桑子·王根英》（书法：朱墨）

《中华民族的优秀女儿：王根英》（绘画：邵嘉雯）

《巾帼英烈》（篆刻：张克勤）

英雄事迹

1950 年 10 月落成的位于邯郸市的晋冀鲁豫烈士陵园，是为纪念在抗日战争中牺牲的 129 师及晋冀鲁豫军区的英雄们而建，是新中国成立后第一座大型烈士陵园。这里安葬着左权将军等 200 多名为国捐躯的优秀指挥员和战斗英雄。在晋冀鲁豫烈士陵园，有一座烈士墓碑特别引人注目。墓碑的主人是位革命女英雄，也是中华人民共和国开国大将陈赓的妻子——王根英。

王根英，1906 年出生在上海浦东。9 岁起在外商纱厂当童工，受尽了资本家的皮鞭和欺辱。1924 年，经革命前辈的介绍，王根英加入中国共产主义青年团。1925 年，在五卅反帝爱国运动中，年仅 18 岁的王根英不惧敌人的镇压，始终走在游行工人队伍的最前列，并因此成为一名光荣的中国共产党党员。1927 年，她作为上海代表，赴武汉参加党的第五次全国代表大会，同年与陈赓结为夫妻。1928 年，担任中共中央在上海的地下联络员，协助陈赓从事中共中央情报工作。1933 年，因被叛徒出卖，王根英被捕入狱。1937 年，全面抗战爆发后，经党组织营救，王根英同志被释放出狱。

“上午乌云密布，下午微露日意，大家喜形于色。根英在狱中达 4 年，艰苦备尝，在敌人威逼利诱下，始终坚持党的立场不为动摇，使我对她更加敬佩，从此我俩的爱情更趋稳定而不可动摇了。”这是陈赓同志在 1937 年 8 月 27 日写在日记中的一段话。这一天也是自 1933 年王根英被捕，他们分别4年后的第一次重逢。

1938年秋，王根英被调到129师供给部财经干部学校任政治指导员。1939年，日军对冀南敌后抗日根据地发动了残酷的“扫荡”。同年1月，日军华北方面军开始实施第一期“治安肃正作战”计划，敌人妄图以东西两线作战，夹击129师及所属冀南区主力于南宫地区。在反“扫荡”作战中，八路军依托广大乡村和广大人民，分散游击，与敌周旋，零敲碎打，避实击虚，因而变被动为主动，弄得敌人疲于奔命，捉襟见肘。久而久之，敌人经不起兵员、物力的消耗，只能结束“扫荡”，仓皇撤走。

在反“扫荡”的斗争中，王根英所在的财经干部学校也随部队东进。1939年3月以后，随着冀南反“扫荡”接近尾声，财经干部学校跟随部队主力越平汉线西进，转往太行山区。反“围剿”斗争即将胜利，危险却发生在王根英身上。1939年3月8日，王根英随师供应部驻在南宫县东南的前后王家庄。黎明前突然接到报告，有数百名日伪军向驻地奔袭而来。王根英不顾个人安危，先把骡子牵到卫生队去驮伤员，自己最后随警卫部队撤离村子。刚刚冲到村外，王根英突然发现一个装有党内文件和公款的挎包没有带出来，毅然回村去取，不幸在路上与日军遭遇，壮烈牺牲，年仅33岁。

河山节次换新装，饮水思源岂可忘。王根英烈士的一生虽然是短暂的，但也是辉煌的。她对党对人民的无限忠诚，她在革命斗争中的临危不惧，她那舍小家为大家、先国家后个人的爱国精神，永远值得我们后辈去铭记和怀念。革命先烈们用炽热的鲜血换来了国家的安宁与太平，伟大的新中国来之不易，我们要踏着先人的脚步，继承他们的初心和使命，为建设美好的祖国贡献自己的力量。

（资料整理：霍亚琦）

浪淘沙·太行奶娘

孙耀庆

烽火漫峦冈，
血色残阳。
出征将士战豺狼。
儿幼啼哭何处养，
太行奶娘。

柴灶泛红光，
袅袅炊香。
含辛哺育尽柔肠。
血脉相连岂敢忘，
不了情长。

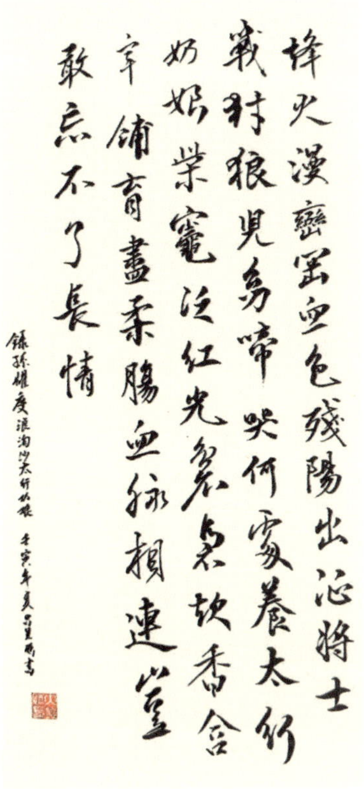

《浪淘沙·太行奶娘》（书法：吕昱瑶）

《太行奶娘》（绘画：张梦瑶）

《大地情长》（篆刻：董春波）

英雄事迹

有人说：山，因为有了人的喜爱才永恒和精彩；人，则因为山的养育而心生眷恋。太行山，古称“天下之脊”。这里蕴藏着太多太多的英雄传说和红色故事，正因为如此太行山才更显伟岸。

著名的革命老区、红色圣地、山城涉县便位于太行山脉的东端。从129师将士进驻涉县，到晋冀鲁豫野战军改编，再到千里跃进大别山，刘邓大军在这里完成了从小到大、由弱到强的转变，创造了“九千将士进涉县，三十万大军出太行”的不朽传奇。

那里有这样一个特殊的英雄群体，她们是一群再普通不过的妇女，但就是这样一群普通的人却在抗战时期冒着生命危险用甘甜的乳汁、无私的母爱，甚至用生命呵护着八路军将士的后代，她们有一个共同的名字——太行奶娘。

1942年初春的一天下午，天气晴朗。在太行山的一个农家小院里，一位叫赵引弟的中年妇女，正在院子里做针线活儿。这时，从大门口走进来2个中年男子，他们一人抱着一个婴儿，走近一看，原来是村里的村干部。村干部见到赵引弟就说：“大嫂啊，我们抱的是八路军的孩子，他们的爹娘在前线打鬼子，我们听说你刚生养过孩子，有奶水，希望你能喂养他们。”“行，放心吧！”赵引弟二话没说，立刻答应了下来。她自己有3个儿子，再加上八路军的2个孩子，也就是说，她同时拉扯着5个孩子过日子，大儿子在外上学，二儿子六七岁，剩下的3个小的都是嗷嗷待哺的婴儿。

据赵引弟二儿子董玉定回忆，当时家里条件非常艰苦，整个土炕上只铺一张席子，没米下锅的时候，就到山上去挖野菜。有时候挖到药材就换些粗布回来，给八路军的孩子们穿戴，而自己时常是光着身子。母亲的奶水不足，也是先紧着八路军的孩子们吃，再不够就用全家人省下来的小米、玉米糊糊贴补。小玉定常常眼含泪水，用祈求的眼神望着母亲："娘，我想喝米汤。""娃儿，听话，打跑了鬼子，娘种好多粮，天天让我儿喝米汤。"

1942年5月，如往常一样，赵引弟坐在炕头给孩子们缝补着衣服。突然听到村口激烈的枪响，紧接着就有人喊道："快跑，鬼子来'扫荡'了！"当时家里只有母亲和4个孩子，小玉定可以跑，3个小的怎么办？怎么办？这可急坏了赵引弟，她抱起了自己的孩子，看着土炕上八路军的孩子，她又抱起了八路军的孩子，看着自己的孩子，但是她内心清楚地知道再不拿定主意，这几个孩子都有可能保不住，她跺着脚抹了把眼泪，毅然抱起八路军的2个孩子，领着小玉定跑了出去。"扫荡"过后，当村子恢复了平静，望着满目疮痍，赵引弟像发了疯一样，朝着自己的家跑去，她一边跑一边念叨着："不会有事的，不会有事的……"然而，跑进屋子，看到的却是倒在血泊中孩子冰凉的尸体，赵引弟一下就瘫软在地上，这一倒，这位"太行妈妈"就再也没能站起来，一年后，她病逝了。就在去世前，母亲口中喃喃地说："孩子，是娘对不起你们，娘这就下来陪你们了。"在极度艰苦的环境里，"太行奶娘"们豁出身家性命为八路军喂养孩子，她们付出的不仅仅是乳汁，而是汗、是血、更是命！

故事的主人公赵引弟只是众多"太行奶娘"当中的一位，她去世的时候年仅32岁，却没有给孩子们留下一张照片。1945年抗战胜利，许多奶儿陆续被领走，有的长到四五岁，有的长到八九岁，有的直到全国解放、一切稳定了才被领走，这对于太行妈妈来说是多么大的伤痛！几乎都是孩子走了，奶娘病了，还有的一蹶不振，身体再没有好起来……

多少年过去了，“太行奶娘”们从没有停止过对奶儿的思念，她们总是念叨着奶儿的小名儿：乃云、乃蛋、乃亭、乃庆……奶娘忘不掉奶儿，奶儿也没有忘记自己的奶娘，刘太行回来了、刘解先回来了、李晓雪回来了、李小琳回来了……八路军的孩子们都回来了。黄镇的孩子黄河见到奶娘时就像个孩子一样依偎在奶娘怀里，摩挲着奶娘的衣服，用手指头捏去奶娘衣服上的线头儿，那是一种发自内心的情感，因为这就是——“亲娘”！

当国难当头、外强入侵，她们无怨无悔的选择哺育八路军的后代；当日寇进村“扫荡”，她们舍小家救大家舍弃自己的儿女救了八路军的后代；当革命胜利，她们又放弃了多年来难以割舍的亲情把孩子们送回到亲生母亲身边。时光荏苒，日月如梭，奶娘们逐渐长眠于黄土之下，她们的故事也越来越鲜被人提及。但是，真正撼人心魄的往事就像夜空里的星辰总会发出璀璨的光芒。

“桃花来你就红，杏花来你就香，望见太行就想起娘……树高千丈根往下长，天下的娃娃谁不想娘，魂里梦里念的是你呀，我的娘亲在太行。”这首名为《太行娘亲》的民歌，唱的就是太行山上这群既普通又不平凡的妇女。“一份圣洁高尚，义薄云天的母爱情怀，一个无怨无悔朴实善良的奶娘群体，一段感天动地、可歌可泣的人间大爱，一首太行军民携手抗日的壮丽诗篇。”

（资料整理：李想）

浣溪沙·何云

孙耀庆

舍业归国赴救亡，
投身党报奉平章，
文犹锋刃笔如枪。

志破合围传战讯，
身临险境殉国殇，
河山血沃尽流芳。

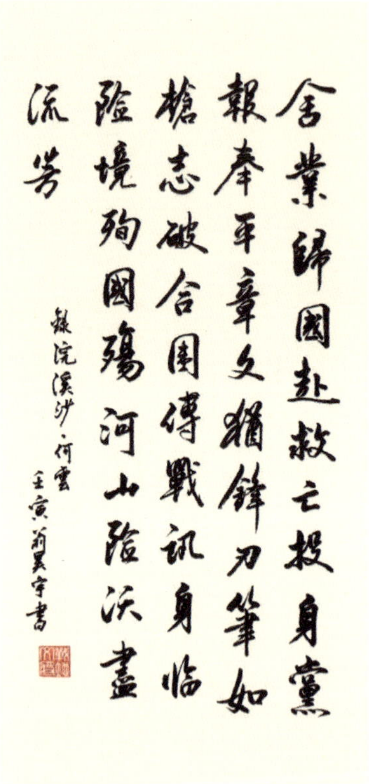

《浣溪沙·何云》（书法：翁昊宇）

《太行山上的“新闻战士” 何云》（绘画：邵嘉雯）

《战地文将》（篆刻：董春波）

英雄事迹

何云，原名朱士翘，1905年生于上虞县朱巷乡（今上虞区永和镇）一个贫苦农民家庭。1921年他以优异成绩考入杭州师范学校，毕业后回到家乡任教，并投身上虞县农民运动中。1927年大革命失败后，白色恐怖笼罩着全国。1928年他到上海寻求革命道路，经人介绍到复旦大学学习半年。1930年赴日本早稻田大学读经济系，后转入铁道传习所。1931年九一八事变后，他毅然停学回国，参加抗日救亡工作。1932年加入中国共产党，1933年3月参加宋庆龄、何香凝等领导的“民族解放大同盟”，任宣传部长。同年6月被上海宪兵司令部逮捕入狱，1937年8月经党组织营救获释。

1938年，党中央决定创办《新华日报》，何云被调往汉口参加筹备工作，担任国际版编辑。同年8月，杨放之、何云率领武汉《新华日报》15个同志，冒着日机对铁路轰炸的危险，坐火车来到西安，计划先建立西安分馆，并在西安出版西北版，但是蒋介石不允许《新华日报》出地方版。这时，途经西安的朱老总得知西北版与国民党交涉遇阻后，便对何云风趣地说：“如果他们不欢迎你们，华北军民欢迎你们。在偌大的太行山地区，只有一两张油印石印小报，字体又小又模糊，看它的时候还得戴老花镜，真费劲！”不久，彭德怀副总司令路过西安，他非常高兴地说：“他们不让你们在西北出版，人员和机器就给我，我到太行山去出版。”彭总把在太行山出版《新华日报》（华北版）的意见报告了中央。中央决定何云去太行负责办《新华日报》（华北版）。1938年10月初，何云、江横、周永生等一行十几人，分两路起程奔赴太行。于10月7日到达八路军前方总政治部驻地——潞城中村。在八路军总政治部，他们受到了陆定一、傅钟、左权、李大章等的热情接待，陈克寒也由《新华日报》总馆派来，加强筹备工作。经过周密筹备，1939年1月，中共中央北方局机关报《新华日报》（华北版）创刊号在战火中诞生，何云任社长兼总编辑。从此，何云带领报馆员工，在极其艰苦的战斗环境中，一边打游击一边出版报纸，编发延安新华总社的新闻，及时报道华北抗日军民的对敌斗争。

《新华日报》（华北版）成为当时“华北人民的聪耳，华北人民的慧眼，华北人民的喉舌”和“华北抗战的向导”。创刊不到2年，这份报纸发行量就超3万份，成为太行山区军民最想阅读的刊物。《新华日报》（华北版）成为华北敌后新闻事业的一面旗帜，在战火中蓬勃发展。《新华日报》（华北版）和新华社华北总分社成为敌后根据地的坚强宣传阵地。何云对党的新闻事业非常热爱，他把全部精力、心血一点一滴地灌注到报纸的编辑、排版、校对、印刷、发行的全过程中，每一张报纸都是射向敌人的一颗“子弹”。《新华日报》（华北版）自1939年1月1日创刊，至1943年9月25日终刊，共出版845期，铅印捷报15期，铅印战时版4期。中共中央北方局书记杨尚昆同志曾高度赞扬：“《新华日报》（华北版）的努力，替我们新闻史上写下了光辉的一页，开辟了敌后新闻事业的新纪录。”

1940年，日军在华北地区实行以“铁路为柱、公路为链、碉堡为锁”的“囚笼政策”，妄图借此控制并逐渐削弱抗日力量。何云随八路军总部和第129师刘伯承、邓小平奔赴前线组织战地新闻采访，在火线上编辑、审稿、刻印、发行，以最快的速度把战斗消息传播出去，为鼓舞部队士气，宣传百团大战胜利，发挥了巨大作用。在残酷的对敌斗争中，虽然报馆经常转移，但报纸的出版从未间断。

1941年10月，日军派出5000名步兵，由空军配合，进攻太行山腹地。

何云在这样极其艰苦的战斗环境下，带领报社这支年轻的队伍同敌人进行斗争。为了扩大敌后新闻阵地，何云先后选拔和派出了许多优秀的编辑人员去帮助地方报社开展工作。在《新华日报》（华北版）的影响带动下，先后办起了《太南导报》《冀西导报》等，晋东南抗日根据地创办的报纸杂志超过100种。《新华日报》（华北版）在敌后发挥了巨大作用。

何云说："一个铅字就等于一颗子弹。"为了用报纸来鼓舞广大军民反"扫荡"和抗战到底的决心，何云竭智尽力、呕心沥血，成为敌后根据地新闻战线的一员骁将、敌后新闻事业的一面旗帜。

1942年5月，日军集结重兵，对太行山辽县麻田一带进行"铁壁合围"式的大"扫荡"，企图摧毁八路军总部和《新华日报》华北分馆。何云带领全馆同志坚持工作和战斗，并向延安新华总社发战报。铅印的战时版第1号和第2号，就是在左权将军牺牲的前一两天在辽县山庄村出版发行的。

当敌人缩小了包围圈，来不及突围时，何云领导大家化整为零，钻进山里，就地分散隐蔽。他们连续几天忍饥受饿，露宿山野，凭借着天然屏障和特殊地形，在群众掩护下自卫应战。

在危急关头，何云对身边的同志说："不要把子弹打光了，留下最后的两颗，一颗打我，一颗打你自己，我们不能当俘虏！"5月28日黎明，正在大羊角村山坡上隐蔽的何云，背部中弹负重伤，不幸牺牲，时年37岁。

何云牺牲后，刘伯承沉痛地说："实在可惜啊！一武一文，两员大将，为国捐躯了！"这里的"一武"指的是左权，而这"一文"指的就是何云。新中国成立后，何云烈士的忠骨移至晋冀鲁豫烈士陵园，安葬在左权将军墓的左侧。

如今回首历史，那巍巍太行，处处青山忠骨，英风烈烈。青山不改，忠魂永在。

（资料整理：徐立敏）

临江仙·杨爱公

孙耀庆

痴守英灵几十载，
陵园绿柏苍松。
任凭炎夏与寒冬，
霜花已两鬓，
尘垢不曾蒙。

岂让忠魂长寂寞，
澄心相伴如生。
年年最是到清明，
开门迎祭扫，
每每诉衷情。

《守护英灵》（篆刻：林佳恒）

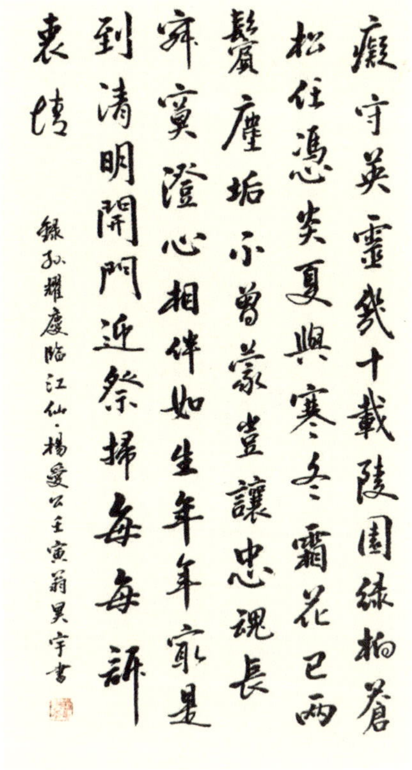

《临江仙·杨爱公》（书法：翁昊宇）

《左权将军墓的守护人——杨爱公》（绘画：杨博勇）

英雄事迹

在邯郸涉县西北16.5公里的石门村。一个看似平静平常的小山坳，曾经安葬过抗日战争中牺牲的级别最高的八路军将领左权将军。左权将军陵墓，北依太行，面临清漳，建在上下有台阶相连的3个台地的最上层。第一层台地的中间，有个荷花池；第二层台地的中间，建有左权将军纪念塔；第三层台地，建有左权将军的陵墓。左权将军纪念塔的正面，刻着朱德总司令悼念左权将军的题词：名将以身殉国家，愿拼热血卫吾华。太行浩气传千古，留得清漳吐血花。1950年10月，左权将军的灵骨迁葬到了邯郸晋冀鲁豫烈士陵园，因为这里环境清幽、绿意盎然、墓址气势大，至今仍完好地保存下来，成为一个重要的爱国主义教育基地。今天我们要讲的主人公，就是义务为左权将军守墓70余载的9旬老人杨爱公。

杨爱公与左权将军墓结缘，要追溯到1942年。1942年5月，日军3万余人对太行抗日根据地实行“铁壁合围”大“扫荡”。25日，左权将军在山西省辽县麻田附近，指挥部队掩护中共中央北方局和八路军总部的突围转移时，在十字岭战役中，壮烈牺牲，年仅37岁。当年10月，左权将军的灵柩安葬在涉县石门村太行山麓的莲花山。左权将军安葬那天，杨爱公也在现场。他当时虽只有13岁，但由于自己的父亲和爷爷先后被日本侵略者杀害，当亲眼看到为抗击日本侵略者而牺牲的左权将军埋葬于此，他幼小的心灵激荡不已。

1950年10月，左权将军的遗骨移至邯郸晋冀鲁豫烈士陵园。虽忠骨已去，但英灵犹在。人们依然来这里祭奠缅怀左权将军。杨爱公主动请缨成为守墓人。杨爱公老人是邯郸涉县石门村人，曾被评为最美老区人。这位普通的中国共产党党员怀着一片赤诚之心，从22岁开始上山为左权将军守墓，到如今70余年。漫长的艰难岁月，他无怨无悔。每天他都要到左权墓，守护着那里的一草一木，一砖一石。有时因事生病，他不能上山，就托人替他守护。有一年，他去北京看望孙女，他走了7天，儿子替他守了7天。平日里他是守墓人，参观者来了，他就当起义务讲解员。老人总是热情地为前来参观的人们讲解那段峥嵘岁月，传承革命精神。每当给人们讲起左权将军的故事，他是那样饱含深情。老人说：“1942年，左权将军担任八路军副总参谋长，在十字岭不幸被炮弹击中，英年早逝，当时他才37岁。安葬的时候，我也在场。记得那时，我13岁，只是个儿童团团员，目睹了整个安葬仪式，现场5000多名八路军战士，为将军送行，队伍一直排到山脚下。”每当说到这里时，老人都难掩心中的悲痛，转过头悄悄地抹去眼角的泪水。

70余年的暑往寒来，他用心坚守着左权将军墓。炎热的夏天他拔草、剪枝，严寒的冬天他护林、防火。左权将军墓距杨爱公老人家有3000米的山路。老人说，以前他步行20分钟就能走到，几年前深感力不从心，便把守护左权将军墓这一光荣使命交给了自己的大儿子，叮嘱他一定好好坚持下去。不幸的是，大儿子因车祸身亡，儿媳李秀英接过了守护将军墓的接力棒。老人对孩子们说：“等我百年之后，你们也要像我一样，把左权将军墓守好，把左权将军的英雄事迹传送下去，讲给后人们听。”杨爱公老人一家说，要把将军墓世世代代守护下去。

传承革命先烈的精神是杨爱公老人毕生的追求。他用自己的一生书写了初心不改、心念如磐的美德华章。

（资料整理：芦莎莎）

江城子·左权将军

刘秋彬

男儿不用诉离觞，
负行囊，出潇湘。
异域苦寻，
觅得济民方。
虎帐运筹神气定，
驱逆寇，荡群狼。

挥鞭执辔奋腾骧[1]，
九州匡，愿方偿。
挫敌黄崖，
军旅美名扬。
十字岭头丹血洒，
殷太岳，耀清漳。

① 腾骧：战马奔腾。

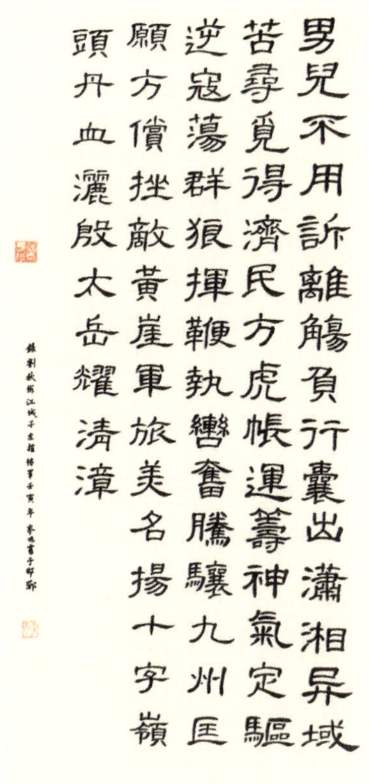

《江城子·左权将军》（书法：岑旭）

《左权将军的家国情》（绘画：任泽楷）

《浩气长存》（篆刻：庞武坤）

英雄事迹

左权，曾任八路军副总参谋长，八路军前方总部参谋长，指挥过“百团大战”等著名的战役战斗。1942年5月，日军对太行抗日根据地发动大“扫荡”。25日，左权在山西辽县麻田附近指挥部队掩护八路军总部等机关突围转移时不幸牺牲，年仅37岁。朱德为其题诗：“名将以身殉国家，愿拼热血卫吾华。太行浩气传千古，留得清漳吐血花。”1942年9月，晋冀鲁豫边区政府作出决定，将山西省辽县改名为左权县，并在涉县石门村西北太行山麓修筑了左权将军陵墓和纪念塔。1950年10月，中央人民政府批准将左权灵柩移至邯郸晋冀鲁豫烈士陵园。

在抗战的烽火岁月中，左权将军辗转战场，给母亲、妻子写去了一封封朴素而深情的家书，记载了一个儿子、丈夫和父亲对家庭的眷恋、对未来的憧憬，以及誓死奔赴国难的决心。1942年5月22日，左权在给妻子的一封家书中这样写道：“志兰：此间一切如常，惟生活则较前艰难多了，部队如不生产则简直不能维持。我也种了四五十棵洋姜，还有二十棵西红柿，长得还不坏。想来太北长得更高了，懂得很多事了。可惜三个人分在三处，假如在一块的话，真痛快极了。志兰！亲爱的，别时容易见时难。分离二十一个月了，何日相聚？念、念、念、念！”

当时，日军出动大兵力，对太行抗日根据地进行空前残酷的“五一大扫荡”。1942年5月23日，彭德怀发出总部撤离辽县麻田的指令，左权亲自率129师及警卫连部署突围计划。25日上午，撤离部队、机关等数千人来到了麻田东北方向的十字岭下，日军发现了目标，从四面合围，步步紧逼。左权命令作战科长及警卫连长护送彭德怀转移至安全地带，自己坚持指挥突围。在总部机关和老百姓转移完毕、掩护部队冲向敌人最后一道封锁线时，一颗炮弹在左权身边爆炸，八路军卓越的将领左权壮烈牺牲。

那一年，他的女儿只有2岁。翻开左权将军生前留下的照片，差不多每张都特别严肃，唯有抱着女儿时，笑得很灿烂。1941年9月24日，左权在给妻子的家书中写道：“时刻想着，如果有你及太北和我在一块，能够听到太北叫爸爸妈妈的亲恳声音，能够牵着她走走，抱着她玩玩，闹着她笑，打着她哭一哭，真是太快乐了。可我的最亲爱的人，唯在千里之外，空想一阵之后，只得把相片摆出来，一一地望着。”这封信直到1982年，左权将军牺牲40周年时，女儿左太北才第一次读到，当时已过不惑之年的她哭得像个孩子。左太北说，过去父亲对她来说，就是英雄。到了1982年，母亲把她保存的11封家书寄给了她，她才知道有位多么疼爱她的父亲，那时她已经42岁。

左权为了守住“大家”，而舍弃了自己的“小家”，仅仅靠着这一封封书信寄托着对妻儿的思念。其中我们读到了一位丈夫的深情、一位父亲的柔情，更能读到一名抗日将领的坚毅和果敢。在民族危亡的关头，左权选择了义无反顾血洒战场，而他留给亲人的一封封家书，不仅仅是给家人们的珍贵回忆，也是抗战英烈留给我们的精神财富。

（资料整理：栗玉楠）

鹧鸪天·太行女杰 黄君珏

刘秋彬

别子抛家赴时艰，
岂容敌寇践河山。
红妆脱却戎装著，
虎穴周旋密报传。

身为珏，志如磐。
字当枪弹笔犹椽。
屡临险境何曾惧，
一跃峭峰化杜鹃。

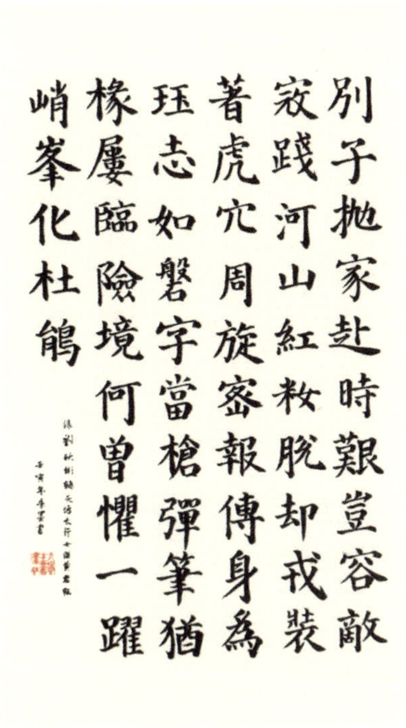

《鹧鸪天·太行女杰 黄君珏》（书法：朱墨）

《太行女杰——黄君珏》（绘画：邵嘉雯）

《战地黄花》（篆刻：董春波）

英雄事迹

黄君珏，湖南湘潭人，1912年出生于一个官宦家庭。黄君珏思想进步，在中学读书时，就积极参加进步学生运动，15岁加入中国共产主义青年团。1927年中学毕业后，考入复旦大学经济系，1930年加入中国共产党。

1934年，黄君珏参加了远东情报局的工作。远东情报局是第三国际派驻上海的秘密情报工作机构，主要搜集国民党政府和日本帝国主义的军事、政治、经济、外交等各种情报。黄君珏机智勇敢，胆大心细，工作很有成效，受到情报局领导人的信任和器重。

1935年，由于叛徒出卖，该组织受到破坏。黄君珏机警地掩护另外两名同志脱险后，自己却不幸被捕，被判7年徒刑。1937年全国抗战爆发后，国共两党第二次合作，八路军武汉办事处将黄君珏保释出狱。在党组织安排下，黄君珏回长沙开展抗日救亡工作，领导筹办了难民妇女工厂。这一工厂成了流亡妇女的避难所，也为抗日救亡做出了贡献。

1938年夏，黄君珏夫妇被中共长江局派到山东国民党石友三部队做政治工作。临行前，黄君珏跪在母亲面前，流着热泪说："妈妈，自古忠孝不能两全，为了中华民族的生死存亡，女儿要离开您，去打日本鬼子，请您原谅女儿的不孝。"就这样，黄君珏告别了生养她的父母，从此天各一方，再未相见。

1939年，黄君珏被派到太行根据地工作，先后在太行文化教育出版社、华北《新华日报》社任总会计兼管委会秘书主任等职。1942年华北新华书店成立，兼任审计室主任。为了便于工作，她将出生才3天的独生子送到老乡家寄养，从此孩子再也没有见过自己的母亲。

工作上，黄君珏精益求精，严格要求。生活中，和大家打成一片，对人和蔼可亲，经常关心、帮助周围的同志，深受领导器重和同志们的爱戴。她的丈夫王默磐当时任《新华日报》（华北版）电务科长，工作也很出色，黄君珏夫妇感情笃深，事业上比翼齐飞，被誉为“战地模范夫妇”。

1942年5月，日军对太行山根据地发动残酷的“五一大扫荡”。3万多敌人实行所谓“贴壁合围”战术，用数十架飞机配合，作梳篦式的“扫荡”，妄图消灭太行山根据地。5月24日，日军3万余人，在飞机狂轰滥炸的掩护下，直扑山西辽县（今左权县）八路军总部和《新华日报》、华北新华书店驻地。华北新华书店立即组织各部门分散突围。黄君珏带领10多位同志，反复穿插于敌军间隙中，奋战了7昼夜，未能突出重围，后来到庄子岭南的小五台山上。6月2日清晨，100多日伪军包围这座山，开始搜山。黄君珏立即指挥大家分散应战，同敌军周旋了大半天，多位同志壮烈牺牲。黄君珏和2位女同志则退守到道士帽峰悬崖边上的山洞中。下午6时，日伪军从四面包围上来，快要逼近山顶洞口，黄君珏突然一跃而出，用手枪射击敌军，几个敌人应声倒地。气急败坏的日伪军从后山爬上洞顶，用绳子捆住柴草吊到洞口，企图放火熏死洞中的女八路。黄君珏在此危急时刻，毅然冲出洞口，举枪打死几个敌人，然后飞身跳下悬崖，壮烈牺牲，这一天恰恰是她30岁的生日！

“太行含悲悼女杰，漳河呜咽祭忠魂。”

当时，黄君珏的丈夫王默磐身负重伤，隐蔽在另一山上，目睹了妻子殉难的惨烈过程，心如刀绞。黄君珏同志以死殉国，宁死不当俘虏，一直战斗到了生命的最后一刻，她用鲜血书写了“为有牺牲多壮志，敢教日月换新天”的精神。黄君珏以身殉国的英勇事迹，在当地广为传颂。1942年11月4日，重庆《新华日报》发表了“为祖国流血，悼黄君珏女士殉国”的短评，盛赞黄君珏“发扬了我大中华民族的正气，表现了中华民族优秀女儿，在民族解放斗争中的英雄气概！”

1981年，中华人民共和国民政部追认黄君珏为烈士。在她的烈士证书上，这样写着：“黄君珏同志在山西辽县庄子岭反‘扫荡’战争中跳崖壮烈牺牲，经批准为革命烈士。”

如今的涉县庄子岭已成为网红打卡地，尤其是每年的深秋季节，满山遍野的红叶，似乎在歌颂先烈的事迹。让我们缅怀先烈，不忘初心、砥砺前行！

（资料整理：何文婷）

金缕曲·邯郸新华广播电台

刘秋彬

秦赵遥迢路，
布正声、铿锵嘀嗒，
电波频度。
因旧图新真奇策，
土室木柴筹措。
避封锁、居无定处。
赤子丹心肩重负，
向险途、信念坚如铸。
利与禄，何曾慕。

磨盘垣井庭中树。
忆往昔、魏琳齐越[①]，

① 魏琳齐越：魏琳和齐越是邯郸新华广播电台播音员代表。魏琳：新中国英语广播第一人。齐越：我国人民广播事业的第一位男播音员。

汉英双语。
宣告三军安黎庶，
引得元勋相顾[②]。
道不尽、忧民情愫。
刺破长空驱迷雾，
慑逆凶、争溃逃无数。
天下白，万民煦。

② 引得元勋相顾：刘伯承、邓小平、陈毅、滕代远等曾到电台驻地视察。

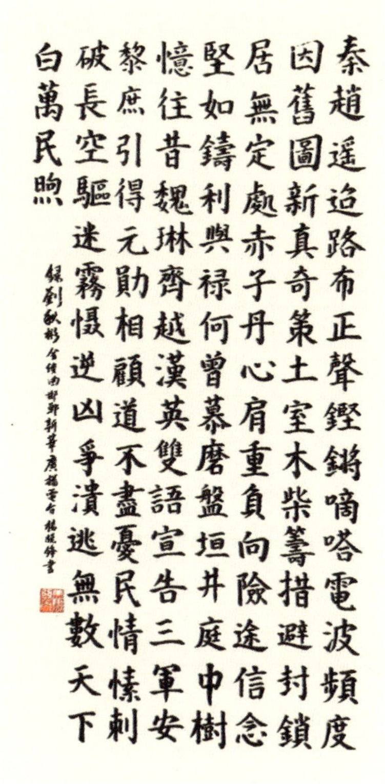

《太行号角》

（篆刻：林佳恒）

《金缕曲·邯郸新华广播电台》

（书法：杨晓锋）

《永不消逝的电波：邯郸新华广播电台记忆》（绘画：贺宇）

英雄事迹

1945 年 8 月，日本战败投降，中国人民迎来了抗日战争的伟大胜利，这是全中国人民共同奋斗的结果。但国民党蒋介石集团却想独占胜利果实，并消灭中国共产党及其领导的人民军队。

1946 年 6 月，国民党蒋介石政府在完成内战准备之后，悍然向解放区发动全面进攻，扬言要在三五个月内消灭共产党领导的人民军队。6 月 26 日，国民党军队 22 万人进攻中原解放区，全面内战爆发，中国共产党领导解放区军民英勇自卫，开始了伟大的人民解放战争。解放战争主要战斗历时 3 年多，分为战略防御（1946 年 6 月至 1947 年 6 月）、战略反攻（1947 年 6 月至 1948 年 9 月）、战略决战（1948 年 9 月至 1949 年 12 月）3 个主要阶段。

邯郸新华广播电台在 1947 年 3 月至 1948 年 5 月接替陕北新华广播电台播音，经历了解放战争人民军队由战略防御转为战略反攻直至战略决战前那段最为艰苦的岁月。

在抗日战争时期，延安作为中国共产党领导中国军民抗击日本法西斯的指挥中心，是我党喉舌由其前身红色中华通讯社（红中社）转变而来的新华社及其所属的陕北新华广播电台的所在地，担负着向中国及世界传递中国共产党的主张及敌占区中国军民抗战信息的任务。抗日战争胜利后至解放战争开始前，延安仍然是中国共产党的党政喉舌所在地。

1946年底，国民党军队即将发起对延安的进攻。由于敌强我弱，党中央做出战略转移的决策，决定立即在太行区组建新华社临时总社，并筹建广播电台，以便随时接替延安的文字撰写和语言广播。

邯郸台作为我党最早创建的电台之一，于1946年9月1日正式开播。由于条件艰苦、物资匮乏，其所用的广播发射机是由我军缴获的国民党军队两台美制导航机改装而成，输出功率为250瓦，提供电力的发电机也是用缴获的敌军2部汽车上的发动机改装而成，并且由烧汽油改装成了烧木炭。1947年3月，邯郸台受命接替陕北新华广播电台广播，决定把两台发射机之一改装成陕北台发射机。3月15日起，分机电、编播两部分分别进行接替陕北电台的准备工作，其中机电设备改装是重中之重。改装工作用了10天的时间。

1947年3月30日，党中央撤出延安进行战略转移的关键时刻，邯郸新华广播电台接替陕北台播音，确保了党中央的声音不中断。自此，党中央的声音从太行山传向中国大地，也传向了世界。

解放战争转入战略反攻后，晋冀鲁豫解放军强渡黄河开始南下，后方报纸邮送迟缓，前方作战环境中出版困难，广播成为可依靠的重要媒介。根据刘伯承、邓小平的指示，邯郸台每天晚上的记录新闻节目，把中央的指示、新华社社论、军事形势变化、全国和解放区大事，简明扼要地在节目里播出。

邯郸新华广播电台播音期间，正值全面内战爆发，国民党反动派实行法西斯野蛮统治，在舆论上，查封书刊报纸，封锁解放战争消息和我党的真理声音，国民党的报纸、刊物、电台又都隐瞒真相和战争失败的消息，大肆欺骗。因此，为了知道真实的消息，全国人民包括国民党官兵非常喜欢收听延安、邯郸两台的短波口语广播，有时甚至冒着生命危险收听。

由于短波广播覆盖范围极广，从地域来看，南京、上海、重庆、昆明、广东、广西、北平、天津、山东、徐州、西安等大陆地区和台湾、港澳以及河内、新加坡、南洋各地，都传播着邯郸台的广播。蒋管区各大城市的某些报纸，都曾利用过邯郸台的广播内容，改写成消息发表。蒋军的军官也有很多在秘密收听邯郸台的广播，以便熟悉解放区情形，了解解放军政策。有些国民党官兵就是通过收听广播了解到解放军的宽待俘虏政策而放下武器投降的。新华广播电台的广播起到了鼓舞我军士气和瓦解敌军的双重作用。

从井冈翠竹到巍巍太行，从工农红军到人民解放军，从红中社到新华社，从陕北电台到邯郸电台，党中央的声音未曾中断，中国共产党人的初心未曾改变。红色电波传向黄河两岸、大江南北，传播着真理，鼓舞着士气，像战鼓和号角推动中国革命走向胜利。

如今，硝烟散去，新华广播电台也已转变为后来的中央人民广播电台以及今天的中央广播电视总台，以更宏大的气势、更自信的形象继续向世界传递着中国声音。

位于涉县西戌镇沙河村的新华社暨邯郸·陕北（延安）新华广播电台旧址也已修建成为爱国主义教育基地。2016年记者节前夕，第一阶段工程整修完成，以崭新的面貌迎接国内外的新闻和文化工作者以及广大群众和青少年学生。

邯郸新华广播电台见证了中国共产党领导中国人民取得解放战争伟大胜利的辉煌历程，彰显了中国共产党人在艰难险阻中保持理想信念、不忘初心、牢记使命、敢于胜利的精神，引领中国人民从黑暗走向光明，成为邯郸人民的骄傲，也成为国人永久的红色记忆。

（资料整理：郑伟）

鹧鸪天·郭书玉

董志霄

抗日烽烟布正浓，
救亡何必分雌雄。
女儿有志披肝胆，
虎口寻机破砦营。

功未竟，死从容。
铮铮铁骨屹刀丛。
平生只为驱倭寇，
血荐清漳火样红。

《抗日英雄 郭书玉》（绘画：刘紫瑜）

《血荐清漳》（篆刻：张克勤）

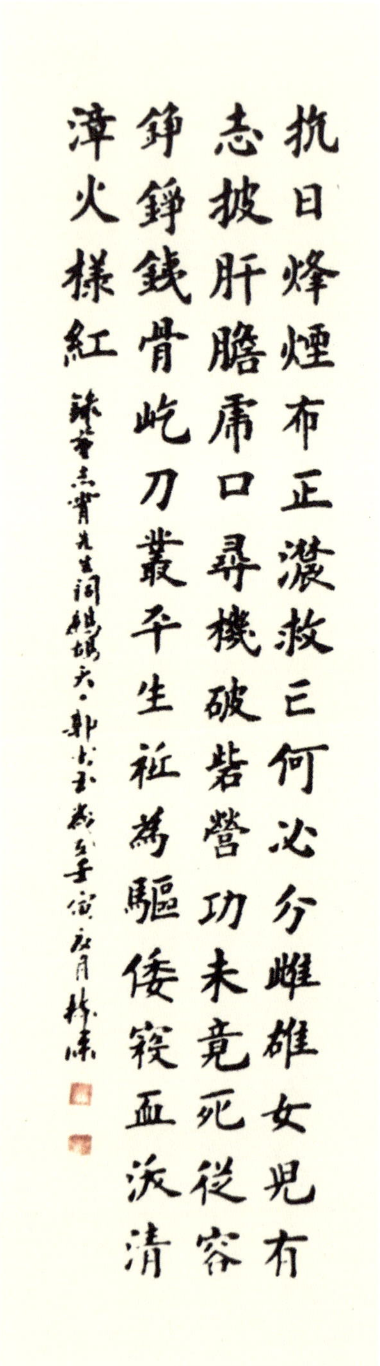

《鹧鸪天·郭书玉》（书法：李树深）

英雄事迹

冀南大地，梨乡水城魏县曾养育了一位让家乡人为之骄傲的女儿。梨花朵朵白似雪，却不如她的坚贞纯洁；漳河滚滚势如雷，却不及她的慷慨悲壮。她，就是抗日女英雄——郭书玉。

1928 年，郭书玉出生在邯郸魏县漳河南岸郭街村一个贫穷的农民家庭。由于家境贫寒，她自幼与上学无缘。但这并不阻碍她的成长，她的天资聪颖、口齿伶俐、勤奋好学为这个小小的弱女子编织了一身坚不可摧的铠甲。凡在她家住过的共产党干部都非常喜欢她，并且教她识字学文化。县妇联会干部王婉贞经常教郭书玉读书写字，灌输革命道理。从那时起，那团红色的火苗就温暖着她的心、淬炼着她坚强的意志。

与万千觉醒的中国人民一样，郭书玉的家人全部参加了抗日队伍。郭书玉的父亲郭亮为中共地下党的交通员，母亲申天芳被誉为“抗日的老妈妈”，长兄郭文明任抗日区委书记、县委秘书长等职，次兄郭文章、姐姐郭文清是村内抗日骨干。郭书玉家成为我党干部落脚、食宿、办公的革命堡垒户。在家人的言行感染和熏陶下，郭书玉立志投身革命、抗日救国。

1941 年冬，冀南军分区独立团在枣林、集村一带与日伪军连续作战。年仅 13 岁的郭书玉打扫战场、包扎伤员、给伤员洗衣送饭，一双小小手，抚触着这战争留下的伤痛，温暖着黑暗笼罩下的天空。

1942 年初，敌人实行“三光政策”“合围清剿”，对广（平）大（名）

路以南的抗日根据地进行频繁的大“扫荡”。在如此严峻与危险的情形下，郭书玉丝毫没有撤退的念头，毅然留在了敌占区，用自己小小的身躯，迸发着惊人的力量。

“党的领导强有力，艰苦环境何所惧，敌人‘扫荡’作鉴定，咬紧牙关度过去。”郭书玉将这样一个又一个铿锵有力的顺口溜唱进老乡们的心里。

1942 年秋，广大路路南武工队队长裴香斋率领武工队，打回广大路路南日伪军占领区。仿佛有了阳光，仿佛有了依靠，郭书玉带头洗军衣、做军鞋，帮助军属干活儿，以实际行动支援前线，奋力拨开阴霾，点燃胜利的火种。

终于，经王婉贞介绍，郭书玉于1943年4月光荣地加入了中国共产党。

随着魏县抗日根据地的发展壮大，在我党统战政策的感召下，敌人内部发生了分化，伪匪李成华部逐渐接受党组织的领导。1943 年夏，为了斩断匪首郭清的魔爪，党组织经过研究，决定派郭书玉利用地方关系打入伪匪内部，瓦解分化敌军。事关重大，冀南一地委宣传部长沈亚刚亲自向郭书玉交代工作任务，并讲明了在匪部搞革命活动的方法。郭书玉毫不犹豫地接受了这一重大任务，并向党组织表示决心：“身为党的人，坚决为党工作，把一切献给党。”沈部长又问：“在敌人眼皮底下开展革命工作，处境险恶，万一有失，被捕了怎么办？”郭书玉语气坚定地回答：“宁愿千刀死，决不把头低。”

随后，经党组织安排，郭书玉与在郭清匪部当班长的内线王树林取得了联系。从此，郭书玉和王树林就以假夫妇身份为掩护，自由出入敌营，秘密开展抗日工作。经过半年多的努力争取，伪匪内部以周殿元、周凤吾为首的20多人成为我党的“内线”。特别是以王树林、李荣为首的13弟兄，分别驻守在张仕望、泊儿村2个炮楼，由于他们有威信，势力大，已基本控制这2个敌伪据点。

1944年2月17日，魏县县委、抗日政府认为时机成熟，决定在这天晚上拔掉张仕望炮楼，给猖狂东侵的郭清匪部以痛击。

行动方案是以划火柴为信号，我军从外部进攻，同时内部以王树林为首带兵起义，里应外合共同消灭敌人。22时整，郭书玉在炮楼划着了火柴，1根、2根、3根……负责放吊桥的内线见到信号，急忙呼啦啦地放下吊桥。但是，由于风大，火柴光目标小，外线并没有接收到信号，延误了战机，给了敌人反应与喘息的机会。夜深人静，放吊桥的响动就显得格外引人注目。伪匪头目闻声而起，当即紧急集合进行追查，伪班长孔连当场自首，供出行动计划。张仕望炮楼内的郭书玉、王树林及其他4名内线和泊儿炮楼的7名内线（其中1名逃出）均落虎口。

郭书玉落在了杀人不眨眼的“活阎王”郭清手中，凶多吉少。种种非人的酷刑接踵而至，郭书玉忍着伤痛，哼起王婉贞教她的歌曲“党的领导强有力，艰苦环境何所惧，敌人‘扫荡’作鉴定，咬紧牙关渡过去。敌区地洞把营宿，早起跑步当寒衣，敌我位置来调动，化装进行斗奸敌”。

1944年农历四月的一天，郭书玉被押赴刑场，她昂首挺胸，一路高呼：“打倒汉奸卖国贼！中国共产党万岁！”那一年，她16岁。新中国成立后，中共魏县县委、县政府为了让英雄的事迹流传千古、英雄的遗容流芳百世，特意请著名画家，在郭书玉众多亲属提供的生前容貌特征基础上，反复修改，画出了烈士的画像，连同郭书玉烈士的英勇事迹一并编入《中国共产党革命英烈大典》。

天地英雄气，千秋尚凛然。14年的艰苦卓绝，14年的力挽狂澜。这一伟大胜利，开辟了中华民族伟大复兴的光明前景，开启了古老中国凤凰涅槃、浴火重生的新征程。

（资料整理：徐萌）

满江红·三军楷模 郭好礼

刘秋彬

邺下漳滏，干戈地、镝鸣烽炽。
倭戎犯、神州沉陆，横行恣肆。
权将杏坛授业意，换为戎马搴旗[1]事。
破“囚笼”、反“扫荡”封围，牛刀试。

妻女圄，擦悲涕。纾国难，安危弃。
纵枪林弹雨，荆棘芒刺。
鹰鸷狼贪何足惧，危途险境不曾避。
疮痍愈、任血洒平芜，初心志。

① 搴旗：意思是指拔取敌旗。搴旗取将则指拔取敌旗，斩杀敌将，形容勇猛善战。

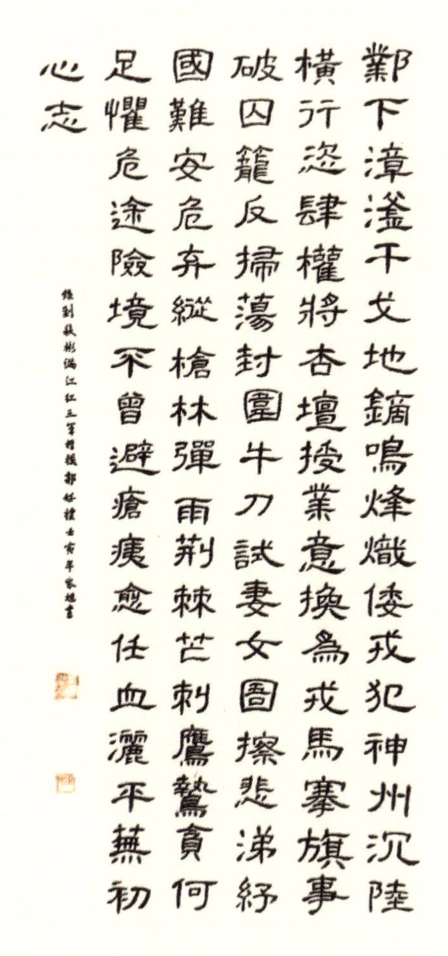

《满江红·三军楷模 郭好礼》
（绘画：冯靖涵）（书法：岑旭）

《英勇无畏的三军楷模——郭好礼》
（绘画：冯靖涵）

《三军楷模》（篆刻：庞武坤）

英雄事迹

郭好礼，原名郭福堂，1904 年生于河北省临漳县郭小屯村。小学毕业后考入大名县教会创办的华美中学，毕业后到大名县黄金堤村教书。

当时，大名是冀南地区的政治、经济和文化中心，大名省立第七师范学校师生在中国共产党的领导下，开展学生运动，思想十分活跃。郭好礼受其影响，经常带学生上街游行，贴标语，参加抵制英货、日货的爱国斗争。教会得知后对他严厉指责，他据理力争并毅然投笔从戎。

1937 年，抗日战争全面爆发后，郭好礼积极呼吁“枪不离人，人不离土，抗战到底”，组织抗日民军，任河北民军第一路军副司令员兼第五支队司令员，率部活动于晋冀鲁豫交界地区，开展游击斗争。1938 年秋，率部转移到鲁西北，同八路军东进纵队、筑先纵队协同作战。1939 年 6 月，中共冀鲁豫边区五地委派人到郭好礼部开展工作，并组建党支部。在党组织的帮助下，他主动提出要加入中国共产党。1940 年春，郭好礼率部正式编入八路军第 129 师 386 旅 774 团，他任副团长。8 月，他率部参加百团大战。1942 年 9 月，经中共冀南区党委批准，郭好礼转为中共正式党员，从此更加坚定为共产主义事业奋斗终身的信念。

1942 年到 1943 年是抗日战争最艰苦的时期，加上临漳、魏县一带位于冀豫两省交界处，土地贫瘠，土匪横行，日军对抗日根据地和游击区进行疯狂的军事进攻和残酷的经济封锁。生活相当艰苦，缺衣少食，有时连食盐都没有，经常以糠菜充饥，寒冬腊月还穿不上棉衣。当地群众中流传着这样一首歌谣：郭好礼的兵不好当，破鞋破袜破军装，夜晚走的坷垃地，白天住的树林行。

尽管如此，他带领的战士们充满了乐观主义精神，士气旺盛，屡打胜仗，一次又一次地粉碎了日军的“封锁”和“扫荡”。日军恼羞成怒，为彻底消灭这支仅有100多人的抗日武装，曾派了汉奸找到郭好礼的母亲做劝降工作，封官许愿。郭好礼得知这一消息后立即派人把汉奸扣押起来，送到冀南军区处理。

软的不行，又换硬的。敌人派重兵对路南地区进行反复“扫荡”，妄图将郭好礼部一网打尽。同时，敌人还不择手段地到处捕捉郭好礼的亲属，借骨肉之情迫使他就范。抗战爆发以来，郭好礼的亲属一直东奔西走，居无定所，为了躲避敌人的追捕，经常是三两天便换一个住所。1942年底，由于汉奸出卖，敌人扣押了郭好礼的妻子和女儿，立即派人给郭好礼送信儿：如不投降日本人，就将他的妻女杀害。这不但没有动摇他的抗日信念，反而更加坚定了他抗日的决心。为做好敌伪工作，他常不顾个人安危，在两军对垒的战壕边，甚至敌人的据点里，向伪军宣传讲解抗日必胜的道理以及党的抗日统一战线政策。他曾孤身一人几次深入敌营做伪军的工作，配合八路军里应外合，一举攻破具有重要军事地位的回隆据点。

1942年秋，冀南军区组建路南支队，并由郭好礼兼任司令员。1943年，郭好礼带领路南支队接连拔除敌人多处重要据点，又一举攻克了魏县县城，消灭了一批日伪军。敌人穷凶极恶，调集九路日伪军，向魏县以东的抗日根据地和游击区进行大规模的“铁壁合围”。2月27日晨，路南支队被围困。激战中，郭好礼带着警卫人员冲出了村庄，然而当他发现部队的主力还没有突围时，立即停下来接应，并派警卫员立即返回村子传达命令，他在村边掩护。他孤身迎战围攻上来的日军，一连击毙5个敌人，但终因寡不敌众，被敌人包围，头部中弹，壮烈牺牲，时年39岁。

1943年3月22日，冀南抗日军民怀着悲愤的心情，沉痛悼念在日军“铁壁合围”时壮烈殉国的路南支队司令员郭好礼。追悼会上，郭好礼的父亲收到一封发自129师师部的慰问电报，称赞“好礼同志一生为中国人民解放事业而奋斗，艰苦卓绝英勇牺牲之精神，足为三军楷模”。

郭好礼烈士在中华民族生死危亡的关键时刻挺身而出，勇赴国难，并不惜牺牲个人一切的英雄事迹和崇高精神将永远为后人所称颂。2014年9月，郭好礼名列第一批300名著名抗日英烈和英雄群体名录。

青山埋忠骨，碧血染红旗。一代代烈士的艰辛付出才使得我们有了今天的幸福生活。我们要铭记历史、砥砺前行，为实现中华民族伟大复兴的中国梦而不断奋斗。

（资料整理：孟佳伟）

鹧鸪天·郭隆真

董志霄

长夜沉沉望启明，
巾帼一帜起腥风。
求真问道寻津渡，
觉悟开先浴火行。

殉主义，为劳工。
死生度外赴从容。
寒梅岂惧西风冽，
血沃神州映日红。

《“最坚强的战士” 郭隆真》（绘画：张梦瑶）

《巾帼英烈》（篆刻：张克勤）

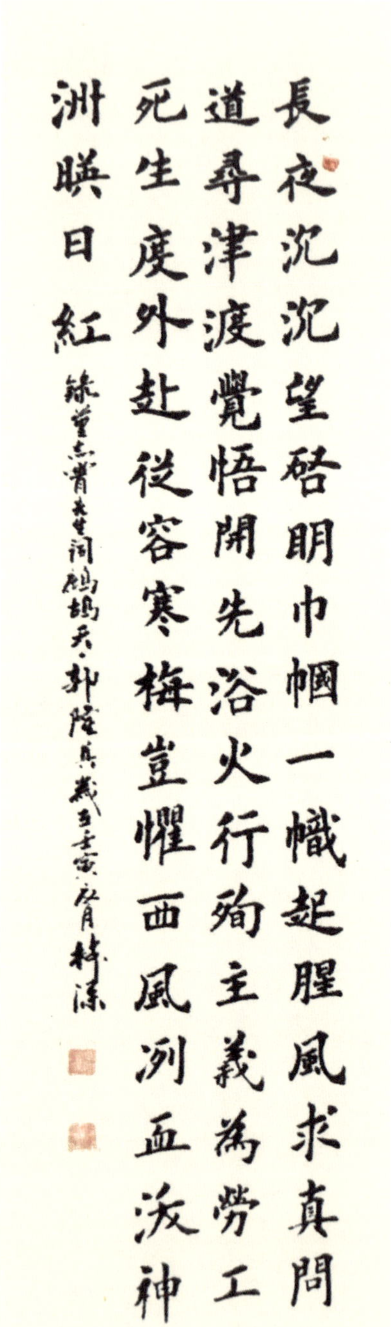

《鹧鸪天·郭隆真》（书法：李树深）

英雄事迹

郭隆真，原名郭淑善，回族，1894年出生于河北省大名县。她是中国共产党早期的女革命家，北方妇女运动的先驱者和工人运动的卓越领导人，河北省第一位女共产党员。

郭隆真15岁时与父亲一起创办了元城县（大名县旧称）第一女子小学堂，这是大名县历史上第一所女子小学。1913年，郭隆真被选送到天津直隶第一女子师范学校读书。

五四运动爆发后，郭隆真积极投身爱国洪流与邓颖超、刘清扬等一起筹备成立了“天津女界爱国同志会”。1919年9月，周恩来等领导的“觉悟社”在天津成立，郭隆真成为其中的重要骨干。郭隆真在五四运动中曾3次被捕。一次次入狱，不仅没有使郭隆真畏惧退缩，反而使她的意志更加坚强，斗志更加旺盛，信仰更加坚定。

五四运动后，大批爱国青年为寻找救国救民的真理而出国留学。1920年11月，郭隆真赴法勤工俭学。1923年，经周恩来、尹宽介绍，郭隆真加入了中国社会主义青年团，同年转入中国共产党。1924年，她赴莫斯科东方大学学习，对革命的认识更深刻、更全面了，成长为一名坚定的共产主义战士。

第一次国共合作时期，郭隆真离开苏联，回到祖国。党组织分配她到李大钊负责的国民党北京特别市党部，任妇女委员会委员，具体负责对城内外各大学校进行宣传和联系女学生的工作，同时负责接洽西郊香山慈幼院党的地下工作。1927 年 4 月，李大钊不幸被敌人杀害。在异常危险的局势下，郭隆真让别的同志先转移，自己留下销毁党的文件。党的机密保住了，但她不幸被捕。一年后，经党组织营救出狱。1929 年初，郭隆真受党组织派遣到东北工作。

1930 年，中央调郭隆真到山东工作，任山东省委委员、青岛市委常委、宣传部部长等，主要任务是领导工人运动。

在青岛，她先后化名“张李氏”和“张马氏”，扮成工人到工厂上班做工，深入了解工人所思所想，用上海工人大罢工的事例来启发大家团结起来进行反帝爱国斗争。在郭隆真领导下，青岛不仅恢复和健全了党的组织，创办了《红旗报》《海光报》等刊物，还连续爆发了纺织女工、烟厂工人等罢工斗争，成为当时全国工人运动最活跃的城市之一。

1930 年 11 月 2 日，郭隆真在青岛被反动当局作为“共产党重要分子”逮捕。敌人对她施以各种酷刑，逼她说出党组织和她的任务，要她写悔过书。但她始终坚贞不屈……

1931 年 4 月 5 日郭隆真被绑赴济南纬八路刑场。在行刑前敌人对她说：“现在只要你说出共产党的秘密，便可获得自由。”郭隆真坚定地回答：“宁可牺牲，决不屈节！”她高呼口号，英勇就义，年仅 37 岁。

郭隆真一生 6 次入狱，频遭酷刑，她没有被吓倒，更从未停下脚步。周恩来评价她为“最坚强的战士”。

为弘扬郭隆真烈士的革命精神，大名县政府将当年郭隆真父女二人创办的女子小学的故居建成了郭隆真故居纪念馆。2019 年，郭隆真故居纪念馆被命名为“全国民族团结进步教育基地”。故居南侧，郭隆真生前栽种的一棵石榴树枝繁叶茂，郭隆真的后人们在那里继续讲述着她追寻真理、百折不挠、坚持斗争，为争取民族解放不畏牺牲的光辉事迹。

（资料整理：刘培嘉）

附录

附录 A　媒体报道

★ 2021 年 4 月 23 日，《大工程思政微课堂：太行山的红色电波》被邯郸市总工会网发布。

★ 2021 年 4 月 28 日，中国教育新闻网以《河北工程大学：“大工程思政微课堂”在校园“火”起来》为题进行报道。

★ 2021 年 5 月 7 日，《大工程思政微课堂：两个人的升旗》《大工程思政微课堂：千古绝唱的情书》在央视频播出。

★ 2021 年 8 月 5 日，《大工程思政微课堂：左权将军墓的守护人——杨爱公》在学习强国全国平台发布。

★ 2022 年 5 月 26 日，中国教育新闻网以《河北工程大学打造“大工程思政微课堂”筑牢青年学子家国情怀》为题进行报道。

★ 2022 年 5 月 27 日，MBA 环球网以《河北工程大学打造“大工程思政微课堂”筑牢青年学子家国情怀》为题转载报道我校“大工程思政微课堂”情况。

★ 2022 年 6 月 27 日至 7 月 1 日，河北新闻网连续五期以《历史丰碑　红色记忆——河北工程大学诗歌作品》为题，对我校“大工程思政微课堂”的诗词、书法作品进行报道。

★ 2022 年 9 月 26 日，《中国教育报》以《深化育人改革　推动思政教育创新》为题进行报道。

附录 B　获奖情况

★ 2020 年 11 月，思政微课堂《信仰的力量》在 2020 年度“易班”优质公开课征集评选活动——高校日常思政教育专题中获得全国第 2 名(二等奖) 。

★ 2021 年 6 月，董志霄教授主持的《大工程思政微课堂——新时代思政课创新的新模式探索》项目被河北省教育厅评为高校思想政治工作创新案例二等奖。

★ 2021 年 6 月，董志霄教授主持的《大工程思政微课堂——新时代思政课创新的新模式探索》项目被省委宣传部评为省宣传思想文化工作创新案例。

★ 2023 年 4 月，董志霄教授主持的《用好地域革命文化资源打造特色高校校园文化》项目获第二十一届河北省高校校园文化建设优秀成果二等奖。

附录 C　书画印文作者名录

书法作者（按姓氏笔画为序）

王森豪　河北工程大学能源与环境工程学院学生

吕昱瑶　河北工程大学数理科学与工程学院学生

朱　墨　河北工程大学数理科学与工程学院学生

李树深　河北医科大学第二医院原党委副书记 正高级政工师

杨晓锋　河北工程大学地球科学与工程学院学生

岑　旭　河北工程大学文法学院学生

罗兰秋　成都体育学院教授

翁昊宇　河北工程大学土木工程学院学生

篆刻作者（按姓氏笔画为序）

余松波　武汉体育学院原副院长

张克勤　河北体育学院原党委宣传统战部副部长 副教授

庞武坤　河北工程大学管理工程与商学院学生

林佳恒　河北工程大学能源与环境工程学院学生

董春波　河北工程大学机械与装备工程学院校友

绘画作者（按姓氏笔画为序）

王若男　河北工程大学建筑与艺术学院环境设计 1802 班学生
冯靖涵　河北工程大学建筑与艺术学院环境设计 2101 班学生
刘紫瑜　河北工程大学建筑与艺术学院环境设计 2101 班学生
邬佳然　河北工程大学建筑与艺术学院环境设计 2002 班学生
任泽楷　河北工程大学建筑与艺术学院环境设计 2101 班学生
杨博勇　河北工程大学建筑与艺术学院环境设计 1801 班学生
张子恒　河北工程大学建筑与艺术学院环境设计 2101 班学生
张梦瑶　河北工程大学建筑与艺术学院环境设计 2002 班学生
邵嘉雯　河北工程大学建筑与艺术学院环境设计 2101 班学生
陈世彧　河北工程大学建筑与艺术学院环境设计 2003 班学生
贺　宇　河北工程大学建筑与艺术学院环境设计 2101 班学生
殷仁行　河北工程大学建筑与艺术学院环境设计 2003 班学生

资料整理（按姓氏笔画为序）

王江然　河北工程大学马克思主义学院教师

刘炳宇　河北工程大学马克思主义学院教师

刘培嘉　河北工程大学马克思主义学院教师

严淑华　河北工程大学马克思主义学院院长

李　想　河北工程大学马克思主义学院教师

芦莎莎　河北工程大学马克思主义学院教师

何文婷　河北工程大学马克思主义学院教师

张艳婷　河北工程大学马克思主义学院教师

张仲娟　河北工程大学马克思主义学院教师

张　帆　河北工程大学马克思主义学院教师

郑丽果　河北工程大学马克思主义学院教师

郑　伟　河北工程大学马克思主义学院教师

孟佳伟　河北工程大学马克思主义学院教师

栗玉楠　河北工程大学马克思主义学院教师

郭广伟　河北工程大学马克思主义学院教师

郭林锋　河北工程大学马克思主义学院教师

徐雁红　河北工程大学马克思主义学院教师

徐立敏　河北工程大学马克思主义学院教师
徐　萌　河北工程大学马克思主义学院教师
霍亚琦　河北工程大学马克思主义学院教师
魏建丽　河北工程大学马克思主义学院教师